みことば

聖書翻訳の研究

第1号

新日本聖書刊行会 [編]

いのちのことば社

『みことば ── 聖書翻訳の研究』の発行に際して

　宗教改革500周年を記念し，『聖書 新改訳2017』が奇しい神の御計らいにより出版されたことを，心から感謝したい。しかし，30年後に行われる次の大改訂を見据えて，それを担う新しい世代の翻訳者，編集者を発掘し育てることが必要である。そのためには，世代を超えて重荷を共有する人々が一堂に集まり，互いに励まし合うことが何よりも大切である。トランスパレントな，ヘブル語・ギリシア語本文が透けて見えるような訳出を志す聖書翻訳がさらに深められるために，継続的な研究が不可欠であると考え，ここに，その研究成果の一部をまとめたモノグラフを発刊することにした。新改訳聖書の翻訳理念がこれからも継承されていくために，本シリーズが広く用いられることを願う。

　　　　　　　　　　　　　　　　　　　　　　　　新日本聖書刊行会

目　次

『みことば──聖書翻訳の研究』の発行に際して ……………………………………… 3

談話文法と動詞のテンス
　　── ヨブ1:5ほか　　　　　　●津村俊夫 ……………… 7

聖書協会共同訳の翻訳批評
　　── 法律部分を中心に　　　　●木内伸嘉 ……………… 23

聖書協会共同訳と新改訳2017
　　── ローマ9:5の翻訳をめぐって　●内田和彦 ……………… 45

新改訳2017の新約における旧約引用について
　　── マタイ2:6，使徒13:22の場合　●三浦　譲 ……………… 61

聖書協会共同訳と新改訳2017の日本語
　　　　　　　　　　　　　　　　●松本　曜 ……………… 71

略語表 …………………………………………………………………… 83

編集後記 ………………………………………………………………… 89

談話文法と動詞のテンス[1]
—— ヨブ1:5ほか

津村俊夫

はじめに

「談話文法と動詞のテンス」の問題については，すでに『聖書翻訳を語る』（いのちのことば社，2019）で，Ⅱサムエル7:1，8-11について123-27頁で，Ⅰサムエル17:38について127-29頁で取り上げた。ここではヨブ1:5を中心として，ヘブル語動詞のテンスの問題を談話文法との関わりで論じ，類似した動詞の課題を他のテキストで検討し，新改訳2017の訳出にさらなる改善点がないかどうかを検討したいと思う。

まず，ヨブ1:4-5のヘブル語テキストを挙げておこう。

⁴ וְהָלְכוּ בָנָיו וְעָשׂוּ מִשְׁתֶּה בֵּית אִישׁ יוֹמוֹ וְשָׁלְחוּ וְקָרְאוּ לִשְׁלֹשֶׁת
אַחְיֹתֵיהֶם [אַחְיוֹתֵיהֶם] לֶאֱכֹל וְלִשְׁתּוֹת עִמָּהֶם :
⁵ וַיְהִי כִּי הִקִּיפוּ יְמֵי הַמִּשְׁתֶּה וַיִּשְׁלַח אִיּוֹב וַיְקַדְּשֵׁם וְהִשְׁכִּים בַּבֹּקֶר
וְהֶעֱלָה עֹלוֹת מִסְפַּר כֻּלָּם כִּי אָמַר אִיּוֹב אוּלַי חָטְאוּ בָנַי וּבֵרְכוּ
אֱלֹהִים בִּלְבָבָם כָּכָה יַעֲשֶׂה אִיּוֹב כָּל־הַיָּמִים : פ

この箇所は，最近の邦訳聖書において次のように訳されてきた。年代順に並べると，

---

1 詳しくは拙論 D. T. Tsumura, "Tense and Aspect of Hebrew Verbs in II Samuel vii 8-16 —from the Point of View of Discourse Grammar*—" *Vetus Testamentum* 60 (2010), 641-54; "Temporal Consistency and Narrative Cohesion in 2 Sam. 7:8-11" in *The Books of Samuel: Stories - History - Reception History*, ed. W. Dietrich, C. Edenburg, & P. Hugo (Bibliotheca Ephemeridum Theologicarum Lovaniensium 284; Leuven: Peeters, 2016), 385-92 を参照。

● 新共同訳（1987年）

⁴ 息子たちはそれぞれ順番に，自分の家で宴会の用意をし，三人の姉妹も招いて食事をすることにしていた （*weqtl*)²。

⁵ この宴会が一巡りするごとに，ヨブは息子たちを呼び寄せて<u>聖別し</u> （*wayqtl*)，朝早くから彼らの数に相当するいけにえをささげた （*weqtl*)。「息子たちが罪を犯し，心の中で神を呪ったかもしれない」と思ったからである。ヨブはいつもこのようにした。

● 新改訳第 3 版（2003年）

⁴ 彼の息子たちは互いに行き来し，それぞれ自分の日に，その家で祝宴を開き，人をやって彼らの三人の姉妹も招き，彼らといっしょに飲み食いするのを常としていた （*weqtl*)。

⁵ こうして祝宴の日が一巡すると，ヨブは彼らを呼び寄せ，<u>聖別すること</u><u>にしていた</u> （*wayqtl*)。彼は<u>翌朝早く</u>，彼らひとりひとりのために，それぞれの全焼のいけにえをささげた （*weqtl*)。ヨブは，「私の息子たちが，あるいは罪を犯し，心の中で神をのろったかもしれない」と思ったからである。ヨブは<u>いつもこのようにしていた</u>。

● 並木訳［岩波］（2004年）

⁴ 彼の息子たちは自分の日に各自の家で宴を催し，使いを送って三人の姉妹をも呼び，彼ら一同で食事をして飲むのが常であった （*weqtl*)。

⁵ 宴の日が一巡するごとにヨブは使いを送って息子たちを呼び，彼らを<u>聖別し</u> （*wayqtl*)，その朝は早く起きて彼らすべての数の全焼の供犠を献げた （*weqtl*)。ヨブは，もしかすると私の息子たちは罪を犯し，心の中で神を讃えたかもしれない，と思ったからである。

● フランシスコ会訳（2011年）

⁴ 彼の息子たちは互いに日を定めて，家ごとに宴を設け，人を遣わして三人の姉妹を招き，みなで食べたり飲んだりするのを常としていた （*weqtl*)。

---

2 本稿では，*wayqtl* は，「ヴァ・イクトル」と読み，「ワウ・コンセキュティブ＋未完了動詞」 （*wayyiqtōl*) を，*weqtl* は，「ヴェ・カタル」と読み，「ワウ＋完了動詞」 （*wəqātal*) を指すことにする。

⁵ 祝宴が一巡するごとに，ヨブは彼らを呼び集めて<u>清めの祈りをした</u>（*wayqtl*）。<u>ヨブは朝早く起きて，</u>彼らの人数に応じて，焼き尽くす献げ物をささげて（*weqtl*），こう言った。

「わたしの息子たちは罪を犯し，

心の中で神を呪ったかもしれない」。

ヨブはいつもこのようにしていた。

● 新改訳2017（2017年）

⁴ 彼の息子たちは互いに行き来し，それぞれ自分の順番の日に，家で宴会を開き，人を遣わして彼らの三人の姉妹も招き，よく一緒に食べたり飲んだりしていた（*weqtl*）。

⁵ 宴会の日が一巡すると，ヨブは彼らを呼び寄せて<u>聖別した</u>（*wayqtl*）。<u>朝早く起きて，</u>彼ら一人ひとりのために，それぞれの全焼のささげ物を献げたのである（*weqtl*）。ヨブは，「もしかすると，息子たちが罪に陥って，心の中で神を呪ったかもしれない」と思ったからである。ヨブは<u>いつもこのようにしていた。</u>

● 協会共同訳（2018年）

⁴ 息子たちはそれぞれ自分の日に，その家で祝宴を催し，使いを送って三人の姉妹たちをも呼び寄せ，食事を共にするのが常であった（*weqtl*）。

⁵ その祝宴が一巡りする度に，ヨブは使いを送って子どもたちを<u>聖別し</u>（*wayqtl*），朝早く起きて，彼らの数に相当する焼き尽くすいけにえを献げた（*weqtl*）。「もしかすると子どもたちは罪を犯し，心の中で神を呪ったかもしれない」と思ったからである。ヨブはいつもこのようにしていた。

wayqtl + *weqtl* の問題点

　4 節の 4 つの動詞，「行き来し」（וְהָלְכוּ），「（祝宴を）開き」（וְעָשׂוּ），「人を遣わして」（וְשָׁלְחוּ），「招き」（וְקָרְאוּ），はすべて「ワウ＋完了動詞」（*weqtl*）で，³ すべての邦訳で習慣的意味を持つように訳されている。すなわ

3「食べたり飲んだり」の原文は不定詞句。

10

ち，

　　　「～することにしていた」（新共同訳）
　　　「～するのを常としていた」（新改訳第3版・フランシスコ訳）
　　　「～のが常であった」（並木訳・協会共同訳）
　　　「よく～していた」（新改訳2017）

　しかし，5節の一連の動詞の翻訳に関しては，次のようなばらつきがある。

　　新共同：～聖別し，朝早くから……いけにえをささげた。
　　新改3：～聖別することにしていた。彼は翌朝早く……いけにえをささげ
　　　　　　た。
　　並木訳：～聖別し，その朝は早く起きて……供犠を献げた。
　　フラ訳：～清めの祈りをした。ヨブは朝早く起きて，……献げ物をささげ
　　　　　　て，こう言った。
　　新改17：～聖別した。朝早く起きて，……ささげ物を献げたのである。
　　協会共同：～聖別し，朝早く起きて，……いけにえを献げた。

　ヘブル語の動詞に注目すると，5節のはじめの3つの動詞

　　וַיְהִי כִּי הִקִּיפוּ *wayhî*（*wayqtl*）*kî*（when）-clause
　　וַיִּשְׁלַח *wayyišlaḥ*（*wayqtl*）
　　וַיְקַדְּשֵׁם *wayqaddəšēm*（*wayqtl*）

は，すべて waw consecutive ＋ impf（*wayqtl*）で「語りの過去」（narrative PAST）というテンスを表す形をしている。すなわち，これらの動詞の連鎖によって，「一巡した（時に）」「呼び寄せ」「聖別した」という3つの行為が過去に連続して起こったことを表明している。しかし，その次には，突然

　　וְהִשְׁכִּים *wəhiškîm*（*weqtl*）
　　וְהֶעֱלָה *wəhe'ĕlāh*（*weqtl*）

という，*waw* ＋ pf.（*weqtl*）が続く。このような *wayqtl* の連鎖の後に，*weqtl* が来るのには，何らかの理由があるはずである。しかし，新共同訳，並

木訳，協会共同訳の諸訳は，これらの２つの *weqtl* がそれまでの *wayqtl* という「語りのテンス」を単に継承しているかのように，

> *wayqtl . . . weqtl . . . weqtl . . .*

を，

> 「〜聖別し，朝早く起きて，〜を献げた」

と訳している。フランシスコ会訳は，「清めの祈りをした」でいったん切って，次の行為「朝早く起きる」（*weqtl*）を次の「……ささげて（*weqtl*），こう言った（*qtl*）」につなげて訳すことになっている。しかし，

> *weqtl . . . weqtl . . . kî qtl*（完了動詞）

を，

> *wayqtl . . . wayqtl . . . wayqtl . . .*

と同じように，「〜シテ，〜シテ，〜シタ」という過去における一連の行為であるかのように訳すのは無理である。しかも，後述するように，「朝早く起きて」が，「清めの祈りをした」翌朝のことであり，「祈りをする」（あるいは「聖別する」）行為と「献げ物をささげる」行為とが別の日の出来事であると考えられていることになる。事実，新改訳第１版・第２版・第３版でも，

> 彼は翌朝早く，彼らひとりひとりのために，それぞれの全焼のいけにえをささげた。

と訳し，翌日に「全焼のいけにえをささげた」と理解している。

　しかしながら，*wayqtl* + *wayqtl* + *weqtl* という動詞の連鎖が，*wayqtl* + *wayqtl* + *wayqtl* という過去における一連の行為をあらわす表現と区別されないままで文法的理解が進んできたことが問題ではないかと思う。

　この問題の解決は，それを文のレベルを超えた談話文法（discourse grammar）の問題としてとらえる，ヘブル語の文章論を踏まえて初めて可能であ

る。それは，従来のヘブル語のテンス・アスペクトの理解を超えた解決がなされるべきであることを示している。

談話文法による理解

R. ロングエーカーの最近の研究[4]によれば，*weqtl* は，語りのテンスと言われる *wayqtl*（「過去」）とは形式が違うだけでなく，その機能が明確に異なる。従来，

完了…… *waw* ＋未完了…… *waw* ＋未完了…… *waw* ＋未完了

の接続詞 *waw* は，waw conversive と説明され，それまでの「完了」動詞のテンスを受け継ぎ，「未完了」動詞を「完了」動詞に convert する働きをしていると説明されてきた。あるいは，「完了」動詞によって表された「過去」の行為を「継承して」，「〜シテ，〜シテ，〜シテ，〜シタ」のような行為の連鎖[5]を表現するものとして，waw consecutive と説明されてきた。

そして，次のように

未完了…… *waw* ＋完了…… *waw* ＋完了…… *waw* ＋完了

の場合は，動詞の機能が異なるだけで，接続詞 *waw* は conversive または consecutive の働きをしていると説明された。

たしかに，waw cons. ＋未完了形（*wayqtl*）の場合は，最近の標準的な文法書では，「語りのテンス」（過去）というような説明がなされていて，大方の理解が定着してきているようであるが，*waw* ＋完了（*weqtl*）のほうは，従来のような waw conv. あるいは waw cons. という説明は必ずしも適切ではない。

---

4 R. E. Longacre, "*Weqatal* Forms in Biblical Hebrew Prose," in *Biblical Hebrew and Discourse Linguistics*, ed. R. D. Bergen (Dallas: Summer Institute of Linguistics, 1994), 50-98.
5 *wayqtl* の連鎖の問題については，Y. Endo による優れた観察を参照。Y. Endo, *The Verbal System of Classical Hebrew in the Joseph Story: An Approach from Discourse Analysis* (Studia Semitica Neerlandica; Assen: Van Gorcum, 1996), 111, n. 13. また D. T. Tsumura, *The Earth and the Waters in Genesis 1 and 2* (JSOTSS 83; Sheffield, 1989), 119-20, esp. n. 9; "Introduction: VI. Discourse Analysis" in D. T. Tsumura, *The First Book of Samuel* (NICOT; Grand Rapids: Eerdmans, 2007); "Introduction: III. Discourse Structure" in D. T. Tsumura, *The Second Book of Samuel* (NICOT; Grand Rapids: Eerdmans, 2019).

談話文法を踏まえたロングエーカーの説明は，このような従来の説明を超える試みで，注目に値する。彼によれば，語りの談話（narrative discourse）において，*wayqtl* という語りのテンスが連鎖した後で，突然 *weqtl*（接続詞 *waw* ＋完了動詞）が現れるような場合，

　　wayqtl. . . wayqtl. . . wayqtl. . . weqtl. . . weqtl

後続する *weqtl* は，*wayqtl* の連鎖で語られた「〜シテ，〜シテ，〜シタ」という過去における一連の行為が，「どのようにして」行われたのかを説明している。換言すれば，このような *weqtl* は「行為」そのものを述べているのではなく，直前に言及された行為の「手順・手続き」（procedure）を説明していると考えられる場合があるのである。[6]

ヨブ1:5

以上を踏まえて，再びヨブ記の問題に戻りたい。4節は *weqtl* が4回繰り返され，「（習慣的に）〜することにしていた」が述べられているが，5節になると，*wayqtl* が3回繰り返された後で，*weqtl* が2回繰り返されている。ヘブル語の動詞に注目して5節前半を翻訳すると次のようになる。

　　宴会の日が一巡シテ（*wayqtl*），ヨブは（彼らを）呼び寄せテ（*wayqtl*），彼らを聖別シタ（*wayqtl*）。朝早く起きテ（*weqtl*），彼らすべての数にしたがって全焼のささげ物を献げタ（*weqtl*）のである。

最初の3つの行為は，*wayqtl* の連鎖によって表現され，連続的な行為（WHAT）である。しかし，次の2つの行為は，*weqtl* の連鎖で表現され，直前の連続的な行為が「どのようにして」（HOW）行われたかを説明するものとなっている。すなわち，ヨブが子どもたちを「聖別した」行為が，どのよう

6 R. E. Longacre, Joseph: *A Story of Divine Providence: A Text Theoretical and Textlinguistic Analysis of Genesis 37 and 39-48* (Winona Lake, Ind.: Eisenbrauns, 1989). また Jan J. Joosten, "The Indicative System of the Biblical Hebrew Verb and its Literary Exploitation," in *Narrative Syntax and the Hebrew Bible: Papers of the Tilberg Conference 1996*, ed. E. van Wolde (Leiden: Brill, 1997), 51-71. Tsumura, "Tense and Aspect of Hebrew Verbs in II Samuel vii 8-16," 641-54 参照。

な「手順」でなされたのかを説明しているのである。それゆえ,「聖別した」行為と「ささげ物を献げた」行為が別々のことではなく,同じ行為を指している。

　以上を踏まえると,「朝早く起きる」ということは,翌朝のことではなく,その日の朝のことを言っていることになる。協会共同訳の訳出,

> その祝宴が一巡りする度に,ヨブは使いを送って子どもたちを聖別し,朝早く起きて,彼らの数に相当する焼き尽くすいけにえを献げた。

では,「聖別し」た翌朝に「いけにえを献げた」ことになってしまう。並木訳では「その朝は」と訳すことによって,そのような不整合を避けようとしている節がある。新共同訳（「聖別し,朝早くから……いけにえをささげた」）では,「聖別した」その日の「朝」を意味しうる訳出になっているが,「朝早く起きる」という意味の動詞 *škm を意訳することになっているだけでなく,「聖別する」行為と「いけにえをささげる」行為が別の行為であるように受けとめられる訳出になっている。協会共同訳は,従来の訳が何とか動詞の形の違いを反映した訳出を試みたのを無視して,「聖別し,朝早く起きて,……献げた」という一連の行為を意味しているかのように,改悪されていると言われても仕方のないものになっている。

　以上の議論に基づいて検討するならば,新改訳2017

> 4 彼の息子たちは互いに行き来し,それぞれ自分の順番の日に,家で宴会を開き,人を遣わして彼らの三人の姉妹も招き,よく一緒に食べたり飲んだりしていた。
> 5 宴会の日が一巡すると,ヨブは彼らを呼び寄せて聖別した。朝早く起きて,彼ら一人ひとりのために,それぞれの全焼のささげ物を献げたのである。……

が,最後の「〜のである」という訳出によって,「聖別した」という行為がどのような手続き（または,手順）によってなされたのかを,適切に説明していることになるのではないか。

II 列王21:4[7]

　以上のような wayqtl. . . wayqtl. . . weqtl. . . という動詞の連鎖は，一連の行為とその手順について述べているが，次のような場合は，手順そのものというよりは，先行する一連の行為の「結果」として何が行われたかを説明しているように思われる。[8]

　ヘブル語本文は以下のとおり。

3 וַיָּ֗שָׁב וַיִּ֜בֶן אֶת־הַבָּמ֗וֹת אֲשֶׁ֤ר אִבַּד֙ חִזְקִיָּ֣הוּ אָבִ֔יו וַיָּ֤קֶם מִזְבְּחֹת֙ לַבַּ֔עַל וַיַּ֣עַשׂ אֲשֵׁרָ֗ה כַּאֲשֶׁ֤ר עָשָׂה֙ אַחְאָב֙ מֶ֣לֶךְ יִשְׂרָאֵ֔ל וַיִּשְׁתַּ֙חוּ֙ לְכָל־צְבָ֣א הַשָּׁמַ֔יִם וַיַּֽעֲבֹ֖ד אֹתָֽם׃

4 וּבָנָ֥ה מִזְבְּחֹ֖ת בְּבֵ֣ית יְהוָ֑ה אֲשֶׁר֙ אָמַ֣ר יְהוָ֔ה בִּירוּשָׁלַ֖͏ִם אָשִׂ֥ים אֶת־שְׁמִֽי׃

　最新の新改訳2017と協会共同訳（2018）の訳を比べると次のようになる。

● 新改訳2017（2017年）

　3 彼は父ヒゼキヤが打ち壊した高き所を築き直し，イスラエルの王アハブがしたように，バアルのためにいくつもの祭壇を築き，アシェラ像を造り，天の万象を拝んでこれに仕えた。

　4 こうして彼は，主がかつて「エルサレムにわたしの名を置く」と言われた主の宮に，いくつもの祭壇を築いた。

● 協会共同訳（2018年）

　3 父ヒゼキヤが破壊した高き所を建て直し，バアルの祭壇を築き，イスラエルの王アハブが造ったように，アシェラ像を造った。また天の万象にひれ伏し，これに仕えた。

　4 主の神殿には，「他の神々の」（補足）祭壇を築いた。そこは主が，「エルサレムに私の名を置く」と言われた所である。

　新改訳2017は，4節の weqtl を「連鎖の結果」を表現していると解釈して，「こうして」と訳した。第3版は，3節における一連の行為の「手続き」また

---

7 See Tsumura, *The Second Book of Samuel*, p. 136.

8 詳述は "Temporal Consistency and Narrative Cohesion in 2 Sam. 7:8-11," 385-92 参照。

は「手順」を表現しているとして，

● 新改訳第 3 版（2003年）

 4 彼は，主がかつて，「エルサレムにわたしの名を置く」と言われた主の宮に，祭壇を築いたのである。

と訳していた。新改訳のこうした訳出は，3節の *wayqtl. . . wayqtl. . .* という動詞の連鎖が，4節になって *weqtl. . .* となっていることに注目し，ヘブル語文法を大事にして翻訳していることを示している。新共同訳の翻訳

● 新共同訳（1987年）

 4 主はかつて，「エルサレムにわたしの名を置く」と言われたが，その主の神殿の中に彼は異教の祭壇を築いた。

においても，「主はかつて……と言われたが，」を「築いた」より先に訳すことによって，4節の *weqtl* をそれまでの行為の連鎖を断ち切るように工夫していたように考えられる。

 しかし，協会共同訳では，ヘブル語の語順どおりに，4節の「築いた」を前半に移動し，さらに「主の神殿には」と，3節の「高き所」と対比して訳したために，原文にはない「他の神々の」を「祭壇」の前に補足することになっている。しかし，このような訳出はヘブル語のシンタクスを無視するもので，談話文法からしても不自然な訳出である。しかも，7節が言うように，主の神殿には「アシェラの彫像」が安置されたのであるから，4節に「他の神々の」を補足する必要はないのではないかと思う。ここにおいても，協会共同訳は新共同訳を改悪してしまったのではないだろうか。

士師7:13

וַיָּבֹא גִדְעֹון וְהִנֵּה־אִישׁ מְסַפֵּר לְרֵעֵהוּ חֲלֹום וַיֹּאמֶר הִנֵּה חֲלֹום חָלַמְתִּי
וְהִנֵּה צְלֹול [צְלִיל] לֶחֶם שְׂעֹרִים מִתְהַפֵּךְ בְּמַחֲנֵה מִדְיָן וַיָּבֹא עַד־
הָאֹהֶל וַיַּכֵּהוּ וַיִּפֹּל וַיַּהַפְכֵהוּ לְמַעְלָה וְנָפַל הָאֹהֶל׃

本節は，新改訳第3版では以下のように訳されていた。

● 新改訳第3版（2003年）

　13 ギデオンがそこに行ってみると，ひとりの者が仲間に夢の話をしていた。ひとりが言うには，「私は今，夢を見た。見ると，大麦のパンのかたまりが一つ，ミデヤン人の陣営にころがって来て，天幕の中にまで入り，それを打ったので，それは倒れた。ひっくり返って，天幕は倒れてしまった。」

　しかし，「ひっくり返って，……倒れてしまった」という訳出は，*wayqtl... weqtl...* という動詞の連鎖には合わない。新改訳2017では最後の動詞 *weqtl...* を尊重して，一連の行為の結果を表現するために「こうして……倒れてしまった」と訳している。

● 新改訳2017（2017年）

　13 ギデオンがそこに来ると，ちょうど一人の者が仲間に夢の話をしていた。「聞いてくれ。私は夢を見た。見ると，大麦のパンの塊が一つ，ミディアン人の陣営に転がって来て，天幕に至り，それを打ったので，それは崩れ落ちて，ひっくり返った。<u>こうして天幕は倒れてしまった。</u>」

　これに対し，新共同訳が

● 新共同訳（1987年）

　13 ギデオンが来てみると，一人の男が仲間に夢の話をしていた。「わたしは夢を見た。大麦の丸いパンがミディアンの陣営に転がり込み，天幕まで達して一撃を与え，これを倒し，ひっくり返した。<u>こうして天幕は倒れて</u>しまった。」

「こうして……倒れてしまった」と訳していたのに，協会共同訳では

● 協会共同訳（2018年）

　13 ギデオンが来てみると，一人の男が仲間に夢の話をしていた。「夢を見たのだ。大麦の丸いパンがミデヤンの陣営に転がり込み，天幕に打ち当た

って倒し，逆様にひっくり返し，天幕は壊れてしまったという夢だ。」

と訳し，本節における *wayqtl... wayqtl... wayqtl... wayqtl... weqtl...* という動詞の連鎖を無視する，意味的解釈を施している。原文が同じ動詞 *npl を用いているのにもかかわらず，文脈によって「倒す」と「壊れる」に訳し分けられているが，これでは，原文の著者の意図を正しく訳出したことにはならないのではないかと思う。これも協会共同訳の改悪の例である。

▌ Ⅱサムエル13:17-18

　次の箇所は，「戸を閉める」という行為がヘブル語においてどのように表現されているのか，そのことを具体的に考慮しないと，文法も意味もハッキリしない例である。新改訳2017の訳出においても，十分に解決されたとは言えないところで，さらなる小改訂が必要な箇所である。ヘブル語本文と諸訳を挙げると次のようになる。

17וַיִּקְרָא אֶת־נַעֲרוֹ מְשָׁרְתוֹ וַיֹּאמֶר שִׁלְחוּ־נָא אֶת־זֹאת מֵעָלַי הַחוּצָה וּנְעֹל הַדֶּלֶת אַחֲרֶיהָ׃

18...וַיֹּצֵא אוֹתָהּ מְשָׁרְתוֹ הַחוּץ וְנָעַל הַדֶּלֶת אַחֲרֶיהָ׃

● 新改訳第3版（2003年）
　召使いの若い者を呼んで言った。「この女をここから外に追い出して，戸をしめてくれ。」……召使いは彼女を外に追い出して，戸をしめてしまった。

● 新改訳2017（2017年）
　召使いの若い者を呼んで言った。「この女をここから外に追い出して，戸を閉めてくれ。」……召使いは彼女を外に追い出し，こうして戸を閉めてしまった。

● 新共同訳（1987年）
　自分に仕える従者を呼び，「この女をここから追い出せ。追い出したら戸に錠をおろせ」と命じた。……アムノンに仕える従者が彼女を追い出し，

背後で戸に錠をおろすと,

● 協会共同訳（2018年）

召し使いの若者を呼び,「この女を私のところから外に追い出せ。その後（あと）で,扉に鍵をかけておくのだ」と言いつけた。……アムノンの従者は彼女を外に出し,その後（あと）[9] で扉に鍵をかけた。

まず第1に,動詞の *n'l が,命令形の場合も3人称単数形の場合も,冠詞付きの「戸」（*haddelet*）との連語関係（collocation）を持っていると言うことは,この連語が「戸が閉まる」という意味であって,「戸を閉める」という意味ではないことを示唆している。すなわち,次のように説明できるのではないだろうか。

17節　動詞 *šlḥ 命令形・複数 + *n'l 命令形・単数 + 「戸」（*haddelet*）
18節　動詞 *yṣ' の *wayqtl* + *n'l の *weqtl* + 「戸」（*haddelet*）

17節は,「*šlḥ して,*n'l せよ」という一連の行為が命じられているのではない。そうなら,2つの命令形の数が一致するはずである。だからといって,数の不一致を解決するために,本文を修正するという手段はできうる限り避けるべきではないだろうか。[10] では,しもべが1人しかいなかったのに,なぜ *šlḥ 命令形が複数なのか。もしかしたら,アムノンは,通常は追い出してはならないのに,このような命令を1人の召使いに対して,面と向かって命じることにためらいを感じたからではないだろうか。[11] さらに,*n'l 命令形が単数であるのは,近くにいたしもべが1人だったからではなく,動詞 *n'l の主語が,単数形の冠詞の付いた「戸」（*haddelet*）だからではないか。もし目的語であれば,通常であれば,限定された目的語の前に 'et が前置されることが期

---

9 この訳出「その後（あと）で」は,日本語訳を読む限り問題がないように見えるが,ドアを閉める行為を考慮すると,新共同訳の「背後で」が正しいのではないか。原文は,第一義的には,空間的な「後（うし）ろで」を意味する。

10 最近,いのちのことば社から出版された村岡崇光『聖書を原語で読んでみてはじめてわかること』(2019),94頁では「複数形は単数形の語尾に一字足すだけですから,あるいは書き損じなのかもしれません」と説明されている。しかしながら,ヘブル語写本群の中であえて単数形に修正するものが存在していないことは留意すべきではないだろうか。

11 Tsumura, *The Second Book of Samuel*, 208 参照。

待される。これを考慮するなら，「戸」（haddelet）は動詞 *n'l の主語で，この連語関係は「戸が閉まる」という意味の慣用表現ではないかと思われる。この表現が「戸が閉まるようにせよ」という「命令形」として17節で用いられ，18節では，「外に出させた」という行為を受けて，その結果として「戸が閉まった」ことを述べていると考えられるであろう。[12]

　以上のことを考慮して，新改訳2017は次のような小改訂をする必要があるのではないかと思う。

　　召使いの若い者を呼んで言った。「この女をここから外に追い出して，戸が閉まるようにせよ。」……召使いは彼女を外に出させた。こうして，彼女の後ろで戸が閉まった。

▌士師3：23

　このテキストにも動詞の *n'l が出て来るが，Ⅱサムエル13：17-18にある「戸」（haddelet）という名詞が「要語省略」（brachylogy）[13] されていると考えるのがよいかもしれない。まずヘブル語本文と諸訳を挙げる。

וַיֵּצֵא אֵהוּד הַמִּסְדְּרוֹנָה וַיִּסְגֹּר דַּלְתוֹת הָעֲלִיָּה בַּעֲדוֹ וְנָעָל׃

● 新改訳第 3 版（2003年）
　　廊下へ出て行き，王のいる屋上の部屋の戸を閉じ，かんぬきで締めた。

● 新改訳2017（2017年）
　　エフデは廊下へ出て行き，屋上の部屋の戸を閉じた。このようにして，彼はかんぬきをかけた。

---

12 ここでも，日本語の「閉める」・「閉まる」・「閉められる」に見られるところの能動態・中動態・受動態の区別が，ヘブル語の用例に類似しているということではないか。T. O. Lambdin, *Introduction to Biblical Hebrew* (London: Darton, Longman & Todd, 1973), 175-78 の Niphal の項参照。

13 E. König, *Stilistik, Rhetorik, Poetik in Bezug auf die biblische Litteratur Komparativisch* (Leipzig: Theodor Weicher, 1900), p. 188. 日本語文献としては，拙著「釈義ノート(1)：I. 詩篇 55：23a, II. שׁלם (Hi)『決める』」, *Exeg* 1 (1990), 27；「詩篇49篇15節の構造とその翻訳」, *Exeg* 5 (1994), 19を参照。また，Tsumura, *The First Book of Samuel*, 64-65, 302 n. 6; *The Second Book of Samuel*, 99-100, 115, 165, 169, 214, 239, 306, 312, 317 参照。

● 新共同訳（1987年）

エフドは廊下に出たが，屋上にしつらえた部屋の戸は閉じて錠を下ろしておいた。

● 協会共同訳（2018年）

エフドは控えの間へ出て，背後にある屋上への戸を閉め，鍵をかけた。

　ここでも，*wayqtl...wayqtl...weqtl...*という動詞の連鎖の問題がある。もし「出て行き……閉じ……鍵をかけた」という一連の行為のことが言われているのであれば，*wayqtl...wayqtl...wayqtl...*という動詞の連鎖が見られるはずであるが，最後の動詞は *weqtl* であることをどう説明するかが問題である。

　まず，はじめの2つの *wayqtl* は，「出て行って，後ろで屋上の部屋の開き戸（複数）を閉じた」という一連の行為を表現しているが，最後の *weqtl* は，それらの行為の「手順」を説明するものか，あるいは行為の「結果」を説明するものかであろう。もし動詞の **nʿl* の主語が，上に見たように，単数名詞「戸」の冠詞付きの形 *haddelet* で，それが「要語省略」されているのであれば，וְנָעַל（*weqtl*）は自動詞として「戸が閉まった」と訳すのが良いかもしれない。結論的には，新改訳2017は，次のように改訂する必要があるのではないかと思う。

　エフデは廊下へ出て行き，後ろで屋上の部屋の開き戸を閉じた。こうして戸が閉まった（あるいは「閂がかかった」）。

聖書協会共同訳の翻訳批評
—— 法律部分を中心に

木内伸嘉

はじめに

　昨年，2018年に出版された『聖書 聖書協会共同訳』（以下，協会共同訳と呼ぶ）は，新共同訳が出てから31年ぶりとなったが，ゼロからの翻訳とのことである。スコポス理論を土台とし，「礼拝での朗読にふさわしい，格調高く美しい日本語訳を目指す」と，その理念を掲げている。『聖書 新改訳2017』（以下，新改訳2017と呼ぶ）の出版の次の年に出版されたこともあり，新改訳の改訂にかかわった筆者としては，新改訳2017を協会共同訳と比較せざるを得ない面もある。また今後，新改訳の改訂作業が継続していくうえでも，この時点で異なる方針に立つ邦語訳と新改訳を比較・検討することは有益であろう。

　しかしながら，聖書翻訳にはさまざまな要因が働くものであって，訳文だけを見て簡単に批評できるものではない。特に，慣れ親しんだ新改訳の立場に立つ者にとって別の伝統に立つ翻訳は新鮮で刺激的であり，時に当惑を覚えさせるものでもあるが，その背後にある前提は翻訳者が解説しない限り想像するしかないことが多い。それゆえ，以下の比較における筆者の判断には誤解があるかもしれず，主観的，部分的な批評でしかないことをあらかじめお断りしておきたい。旧約全体の評価のためにはさらに時間が必要である。

　以下に，協会共同訳と新改訳2017を，十戒から始まる法律部分を中心に訳語の比較を行う。実際は，どの節においても大きく訳文が異なるのであるが，それぞれの翻訳の特徴が際立つような事例を取りあげる。また，協会共同訳と新改訳2017との比較をとおして，翻訳以前のヘブル語の理解の問題，さらには新改訳2017の諸課題が何であるかも可能な限り言及しておきたいと思う。

出エジプト記

【出エジプト20：2】

אָנֹכִי יְהוָה אֱלֹהֶיךָ אֲשֶׁר הוֹצֵאתִיךָ מֵאֶרֶץ מִצְרַיִם מִבֵּית עֲבָדִים:

● 協会共同訳

　　私は主，あなたの神，あなたをエジプトの地，奴隷の家から導き出した者
　　である。

● 新改訳2017

　　わたしは，あなたをエジプトの地，奴隷の家から導き出したあなたの神，
　　主である。

　協会共同訳はヘブル語の語順のとおりに「私は主，あなたの神」と訳してい
る。新改訳でも，支障がなければできるだけ原典言語の語順に近い訳文が望ま
しいと考えている。ただ筆者は主観的かもしれないが，「主」ではなく，聖四
文字 YHWH に母音を付けた，イスラエルの神の固有名詞が訳として表記され
るならば，協会共同訳の順序が望ましいと思う。また，新改訳のように「**主**」
と太字にするならば違和感は減じたとは思う。しかし，人間の主人にも使われ
る普通名詞「主」を使う場合には，その語順に違和感を感じる。さらに，文末
が「～した者である」となっているが，ヘブル語が分詞形であればそれでよい
が，完了形であるので，やはり日本語としては，新改訳2017のほうが自然では
ないだろうか。[1]

【出エジプト20：5b-6】

כִּי אָנֹכִי יְהוָה אֱלֹהֶיךָ אֵל קַנָּא　פֹּקֵד עֲוֹן אָבֹת עַל-בָּנִים
עַל-שִׁלֵּשִׁים וְעַל-רִבֵּעִים לְשֹׂנְאָי：
וְעֹשֶׂה חֶסֶד לַאֲלָפִים לְאֹהֲבַי וּלְשֹׁמְרֵי מִצְוֹתָי：

---

1 協会共同訳において同じような訳し方は，たとえば 出エジプト29：46にもある。「彼らは，私
　が主，彼らの神であり，彼らをエジプトの地から導き出し，彼らのうちに住まう者であること
　を知るようになる。私は主，彼らの神である。」

● 協会共同訳

> 私は主，あなたの神，妬む（קַנָּא）神である。私を憎む者には，父の罪（עָוֹן）を子に，さらに，三代，四代までも問うが，私を愛し，その戒めを守る者には，幾千代にわたって慈しみを示す。

● 新改訳2017

> あなたの神，主であるわたしは，ねたみの神。わたしを憎む者には父の咎を子に報い，三代，四代にまで及ぼし，わたしを愛し，わたしの命令を守る者には，恵みを千代にまで施すからである。

■ קַנָּא

新共同訳で「熱情の神」であったところを，今回の協会共同訳は「妬む神」とした。しかし，「ねたむ」を漢字表記にしたことで，神の קַנָּא（qn'）は人間の「妬み」と同じようなものといった考え方を読者に示唆することになるのではないだろうか。

新改訳では，qn' が日本語の「妬む」と意味が重なる部分もあるが，異なる部分もあり，特に神について言われる場合，著しく異なると認識している。[2]「妬」という漢字を使用すると誤解を与えるとの判断から，あえて「ねたみ」「ねたむ」と平仮名表記にしている。また，神についてだけでなく，人間についても「妬む」は避け，「ねたむ」にしている。[3] このヘブル語は，日本語に訳すことがきわめて難しい。平仮名表記にしたところで，漢字表記のもつ否定的なニュアンスが完全に払拭されるわけでもなく，将来的には造語を検討することも一案ではないかと思われる。

■「父の罪」עָוֹן אָבֹת

協会共同訳は，この出エジプト20:5での，この 'ᵃwôn 'ăḇōt というフレーズを「父の罪」と訳している。新共同訳では「父祖の罪」であった。しかし，

---

[2] Cf. H.G.L. Peels, 'קַנָּא,' in *NIDOTTE*, vol. 3, 934-37. Peels は，"Any association with self-centered pettiness, fear of losing property, envy, or jealousy is absent in the context of the manifestation of the קַנָאָה of God. The translation "jealous" is, therefore, inadequate." (p. 936) と記している。

[3] ただし，「嫉妬」という語が，創世30:1，箴言6:34で使われている。

「父」であるべきか「父祖」であるべきかは別として，'āwôn が「罪」に関する他の類義語と識別されているかどうかを問いたい。新改訳は 'āwôn に対して「咎」という訳語を使ったが，協会共同訳はこの語は使わず，[4]「罪」「悪」「罰」とさまざまである（以下参照）。'āwôn は，罪の結果を表す場合が多く，そうでない場合には「不義」を意味する。特に，'ᵃwôn 'ᵃḇōṯ と，これに類したフレーズは，この出エジプト20:5から始まり，15回ほど現れるが，すべて「父の罪」と訳されているかと言えばそうではなく，「先祖の過ち」（レビ26:39，イザ14:21，65:7，エレ11:10，14:20，32:18など）とも訳されている。果たして，訳語の統一はなされているのかどうか疑問である。

■ כִּי

原文には כִּי（kî）があるが，訳出されていない。

● 協会共同訳

慈しみを示す。

● 新改訳2017

恵みを……施すからである。

これは，新共同訳以来の方針であろうか。しかし，このような散文体の中での kî を訳出しないことによって，原文がはっきり理由として言っていることが読者に伝わらないのではないだろうか。協会共同訳は，以下の20:7，11でも訳していない。しかしこの点では，新改訳2017も7節の kî を訳していないが，意図的なものではないであろう。

【出エジプト20:11-12】

● 協会共同訳

七日目に休息された。……聖別されたのである。……主が与えてくださった土地……

十戒は，**主**ご自身が語っているので，自分のことばに敬語を使う，いわゆる

---

4 他方，新共同訳は，他の箇所で全部で38回，罪に関するさまざまなヘブル語に対して「咎」という訳語を使っている。

自敬表現は避けられる必要がある。新改訳も第3版まではこのことに気づか
ず，自敬表現を使っていたが，今回は他の箇所でも訂正されている。協会共同
訳は，この点を意識しているのかどうか分からないが，自敬表現のままである。

【出エジプト20:16-17】
● 協会共同訳

　　隣人について偽りの証言をしてはならない。隣人の家を……

■ רֵעֶךָ （rēʿᵃkā）

　このヘブル語を逐語的に訳せば「あなたの隣人」となるが，「あなたの隣人」
の「あなたの」が，新共同訳と同様，省略されている。自明のことだからであ
ろう。ヘブル語には人称接尾辞が多すぎる面があり，すべてにおいて訳す必要
はないが，十戒は2人称単数形での命令という強調が減じることにならないだ
ろうか（17節参照）。ちなみに，レビ19:18でも「隣人を自分のように愛しなさ
い」として「あなたの」が省かれている。

【出エジプト22:19 ［新改訳20節］】

זֹבֵחַ לָאֱלֹהִים יָחֳרָם בִּלְתִּי לַיהוָה לְבַדּוֹ׃

● 協会共同訳

　　主おひとりのほか，神々にいけにえを屠る者は追放されなければならない
　　（יָחֳרָם）。

● 新改訳2017

　　ただ主ひとりのほかに，神々にいけにえを献げる者は，聖絶されなければ
　　ならない。

　יָחֳרָם （yoḥᵒrām）が「追放される」と訳されているが，後代のユダヤ人共
同体で使われた ‘excommunicate’ といった意味を考えてのことなのであろう
か。新共同訳や協会共同訳では，新改訳のようにחרם （ḥrm）に「聖絶する」
「聖絶」という一定の訳語を当てることをしない方針なので，文脈によって違
った訳になることは理解できるが，協会共同訳の内部で ḥrm がこのように訳

されているのはここだけである。なぜこのように訳されたのか理解に苦しむ。特に，五書の順序では，この後に *ḥrm* が登場するレビ27:29との関係をどう見るかとの問いにもかかわる。[5] しかし，レビ記の箇所は，聖絶の物あるいは聖絶の者の「具体的な処置」を「売ることはできない。また買い戻すこともできない」，また「その人は必ず殺されなければならない」と記しているので，*ḥrm* そのものは，少なくとも五書において，「具体的な刑（人間の場合）あるいは取り扱い（物の場合）」そのものを意味する語ではないと考えられる。確かに，出エジプト22:18–20の中での20節の位置を考慮するとき，20節のケースも死刑に相当するような刑が考えられていることは容易に想像されるものの，*ḥrm* 自体が具体的な刑を指すことばでないならば，新共同訳や協会共同訳が文脈に従って訳し分けるという方法それ自体が疑問となる。出エジプト22:19の *ḥrm* とされる者の具体的な処罰方法がレビ27:29で死刑と規定されていると理解するならば，「追放される」は誤訳に近いと言わなければならない。

【出エジプト22:27［新改訳28節］】

● 協会共同訳

　神を呪って（קִלֵּל）はならない。あなたの民の指導者を呪って（אָרַר）はならない。

● 新共同訳

　神をののしってはならない。あなたの民の中の代表者を呪ってはならない。

● 新改訳2017

　神をののしってはならない。また，あなたの民の族長をのろってはならない。

　上記のように，協会共同訳では，異なるヘブル語 קִלֵּל（*qillēl*）と אָרַר（*'ārar*）に「呪う」という同じ訳語を当てている。いくつかの類義的なヘブル語を日本語で訳し分けることをせず，すべて「呪う」で統一している。上述の「妬む神」なども同様のケースである。これが方針だと言われればそれまでの

---

5 別の見方については岩波委員会訳『旧約聖書Ⅰ　律法』（岩波書店，2004年）「用語解説」の「聖絶」の項目参照。そこでは，「基本的に聖絶は聖戦の法（サム上 17:47）」と記されている。

話であるが，異なるヘブル語を同じ語で対応するというのは，意味が概略伝達
されるとは言えるものの，雑であり，誤解を生むことにはならないだろうか。
この節の後半で 'ārar が使われているが，この箇所以外に一般の人が 'ārar の
動作主となる箇所はなく，この語の動作主が通常「神」あるいは神の代理であ
ることに照らせば，そのような権利ある者だけに属する行為を行使してはなら
ないということも伝達されていることになる。この語に限らず，協会共同訳で
は，新改訳のように，漢字で表記したり，平仮名で表記したりすることをしな
い。

レビ記

【レビ1:4】

וְסָמַךְ יָדוֹ עַל רֹאשׁ הָעֹלָה וְנִרְצָה לוֹ לְכַפֵּר עָלָיו׃

● 協会共同訳

　　その人が焼き尽くすいけにえの頭に手を置くと，それはその人の代わりに
　　受け入れられて，その贖いとなる。

● 新共同訳

　　手を献げ物とする牛の頭に置くと，それは，その人の罪を贖う儀式を行う
　　ものとして受け入れられる。

● 岩波委員会訳

　　彼は，自分の片手を全焼の供犠［にする獣］の頭の上に押し付ける。そう
　　すれば，それは彼のための贖いを行うものとして受け入れられる。

● 新改訳2017

　　その全焼のささげ物の頭に手を置く。それがその人のための宥めとなり，
　　彼は受け入れられる。

　この節は，①手を置く行為，②いけにえが「献げる人の代わりに受け入れら
れる」こと，③贖い／宥めという３つの事柄を語っている。②と③の関係も重

要であるが，ここでは①と③の関係を問いたい。すなわち，手を置くことが，贖い／宥めとどう関係するかである。新共同訳，岩波委員会訳，新改訳2017はそれぞれの仕方で，意識的かどうかは別として結果的には，手を置く儀式そのものが贖い／宥めとはならないような訳し方をしている。しかし，今回の協会共同訳は，「……手を置くと，……受け入れられて，その贖いとなる」（下線筆者）と訳し，あたかも「手を置く儀式」が即「贖い」となる，あるいは，「贖い」に結びつくかのように訳されている。手を置くだけで，贖いに直結するのであろうか。その場合には，5節以下の血に関する儀式はどのような意味を持つことになるのであろうか。手を置く儀式が贖い／宥めに直結しないと理解するならば，何らかの仕方で工夫する必要があると思われる。基本的に4節の *kipper* は，5節以下の血の儀式から始まり，9節の「芳ばしい香り」（新改訳2017）までの儀式的行為によって達成されると理解することが妥当かと思われる。

「贖いをする」，「宥めの香り」

新改訳2017は，כִּפֶּר（*kipper*）を従来の「贖う」から「宥めを行う」に変更した。第3版までは，他の2語פָּדָה（*pādâ*）とגָּאַל（*gā'al*）にも「贖う」が当てられており，区別が付けられてこなかった。この点では協会共同訳も新改訳第3版までと同じであり，次のように3語に格別の区別を付けていない。

pādâ → 「贖う」

gā'al → 「買い戻す」「贖う」

  （後者については，創世48:16，出エジプト6:6，15:13参照）

kipper → 「贖いをする」「贖う」

当然，このような状況は，翻訳以前のヘブル語そのものの理解の仕方に起因する。ここで詳細にこれらの語の意味を論じることはできないので，従来の理解が不十分であった点をいくつか述べておくにとどめる。まず，*pādâ* と *gā'al* が同じ文脈に現れるのに対し，*kipper* がそのどちらとも同じ文脈に登場しないという事実は，*pādâ* と *gā'al* が類義的とは言えても，*kipper* がそのい

ずれかと類義的である可能性は低い。事実，*kipper* と *pādâ* が共起する唯一の
箇所，申命21:8では，[6] 次のように言われている。[7]

כַּפֵּר לְעַמְּךָ יִשְׂרָאֵל אֲשֶׁר־פָּדִיתָ יְהוָה וְאַל־תִּתֵּן דָּם נָקִי בְּקֶרֶב עַמְּךָ
יִשְׂרָאֵל וְנִכַּפֵּר לָהֶם הַדָּם׃

● 新改訳2017

「主よ，あなたが贖い出された（*pādâ*）御民イスラエルをお赦しください
（*kipper*）。咎のない者の血を流す罪を，御民イスラエルのうちに負わせな
いでください。」こうして彼らは流血の咎を赦される。

　この節全体が，*pādâ* された民がさらに *kipper* されなくてはならない状況
（この文脈では「赦されなければならない」）にあることを前提としている。ま
た，*pādâ* の現れる文脈と *kipper* の現れる文脈が異なる点も，これら 2 つの語
が意味的にかなり異なるものであることを示している。たとえば，出エジプト
したイスラエルの子らは，それによって *pādâ* されたが，その民にさらに *kipper* する行為が要求されている。レビ記の儀式に *pādâ* は現れない。この事実
は，これら 2 語が共に人間の「救済」にかかわる語だとしても，それぞれまっ
たく別の意味領域をもっていることを示唆している。新改訳2017の訳によれ
ば，イスラエルの子らが「贖い出され」（*pādâ*），神の民とされたとしても，
なお神との和解は成就しておらず，人の「汚れ」や「罪」によって引き起こさ
れる神の怒りが「宥め」（*kipper*）られる必要がある，ということになる。

　kipper そのものについては長い研究の歴史があり，ここでさまざまな立場に
対する評価・批判を行うことはできない。ただ，とくに祭儀的な文脈での *kipper* に神の「怒り」を認めるか否かは議論の重要な部分であり，今回，新改訳
2017が，*kipper* を「宥めを行う」と訳した次第について少し述べる必要はあ
るであろう。

　今日に至るまで，祭儀の中に現れる *kipper* には宥めという意味要素はない

---

6 もう 1 箇所，詩篇49:7 ［MT49:8］があるが，そこでは *kōper*（身代金）である。
7 *gā'al* と *kipper* の関係については，民数5:8参照。

とする強い傾向が旧約学には存在してきた。[8] その背景には，19世紀末に遡る文書資料説からの影響が強いが，神の怒りそのものを回避する，時代的な精神の影響もあると思われる。しかし，レビ記のテキストにいくつもの起源の異なる文学的な層を認める立場に確固とした根拠があるわけではなく，今あるままのテキストは単一の著者によるものとして読まれるべきであろう。

　以下に，*kipper* の背後に「怒り」を認めない立場に対し，2つのことを指摘しておきたい。1つは，人に向けられる神の怒りといっても，さまざまな程度と様態があるということである。レビ記だけに限っても，ナダブとアビフに向けられ，即死をもたらしたと思われる「御怒り」もあれば（レビ10:2），[9] レビ26:14以下に語られる民の罪に対する「怒り」もある。両者とも，契約の枠を超える神の怒りであり，怒りは怒りでも，儀式において宥められうる怒りとは程度も様態も異なるものである。さらに，同じささげ物の儀式（レビ1章など）の中でも，また複数のささげ物が献げられる儀式（レビ9章など）の中でも，以下に述べるように，血の儀式が扱う，礼拝者の罪（性）を扱う部分と，それが終わった後の自己献身を表現する部分があり，その全体が「怒り」を背景に考察される必要がある。しかし，概して今日まで聖書学において神の怒りについての研究は乏しく，単純に「怒り」や「宥め」という概念で括られてきたように思われる。

　もう1つの点は，日本語で「宥めの香り」（新共同訳，協会共同訳），「なだめのかおり」（新改訳第3版）と訳されてきた רֵיחַ נִיחֹחַ（*rêaḥ nîḥôaḥ*）というフレーズについての理解である。もし，この訳が正しければ，祭儀には神の怒りが前提とされることになるが，[10] このフレーズに「怒り」の存在を認めて

8　語の意味を考察するうえで，贖罪の儀式とそれ以外の文脈とを判然と区別することも方法論的に問題を含むが，儀式以外の文脈では，*kipper* が「宥め」をその中心的な概念としてもつことは明らかである。すなわち，この語は「怒り」を背景とする文脈に登場する。創世32:21［新改訳20節］，出エジプト30:15［12節参照］，民数8:19, 17:11-12［新改訳16:46-47］, 25:13, Ⅱサムエル21:3参照。

9　レビ10:6に登場する קֶצֶף とも関係すると思われる。

10　レビ記テキストに複数の文学的な層を想定する学者は，初期には「神が香りをかぐ」という，"洗練されない" anthropomorphism（創世8:21）も，ペルシア時代に位置づけられるレビ記のような祭司文書においてはそうではなくなっている，と想定する。岩波委員会訳『旧約聖書 Ⅰ 律法』巻末の「なだめのかおり」の用語解説には，「しかし現在の祭司文書では，本来の

も，*kipper* には認めないという立場があり続けてきた。[11] しかし，このような立場は正しくないと思われる。というのも，協会共同訳はレビ1:9の *rêaḥ nîḥôaḥ* を「宥めの香り」と訳しているが，それは同じ章の4節に述べられる *kipper* という行為の最終段階を指したものであろう（上記「レビ1:4」の項参照）。とすれば，*kipper* には「宥め」という意味要素が含まれることになる。[12] また，4:31では *kipper* が内容的に *rêaḥ nîḥôaḥ* を含み，*rêaḥ nîḥôaḥ* は *kipper* の一部であることを示しているが，レビ記テキストに複数の文学的な層を認める学者は，このケースを二次的として *kipper* の意味から排除する。[13] しかし，この箇所に *rêaḥ nîḥôaḥ* が登場するのは例外的なのではなく，一般人の罪が祭司，全会衆，部族長という，より責任ある立場の者たちの罪ほどには深刻と見られていないからにほかならない。

　確かに，*rêaḥ nîḥôaḥ* は，贖罪そのものを扱う「罪のきよめのささげ物」には一度しか登場せず（レビ4:31），むしろ，贖罪の要素がより少ない「全焼のささげ物」，「穀物のささげ物」，「交わりのいけにえ」に頻出する。このことから，*rêaḥ nîḥôaḥ* は，罪や罪深さを扱う血の儀式の後にくる，神を「喜ばせるもの」として説明し得る。それゆえ，今回の「新改訳2017」では，第3版までの「なだめのかおり」を「芳ばしい香り」と変更した。そして，*kipper* のほうが，その中心的な概念として「宥める」をもつと理解する。

　意味はほとんど失った定型的な語法として用いられていると考えられる」とある。

[11] Cf. Karl Elliger, *Leviticus* (HAT; Tübingen: J. C. B. Mohr, 1966), 35–36; Bernd Janowski, *Sühne als Heilsgeschehen: Studien zur Sühnetheologie der Priesterschrift und zur Wurzel KPR im Alten Orient und im Alten Testament* (Neukirchen-Vluyn: Neukirchener Verlag, 1982), 217 n176. 岩波委員会訳『旧約聖書I 律法』305, 307頁の注には，次のように記されている。「『全焼の供犠』は日常的な礼拝において献げられるほか，嘆願や感謝などの特に贖罪的意味を持たない自発的な礼拝においても献げられる。したがって，ここでの「贖い」への言及は，一般的な浄めといったニュアンスのものであろう。これは，さまざまな意味を持った供犠のシステムが分化する以前の原始的な観念の名残とも，逆に本来特定の贖罪的な供犠に由来する観念が後代にその他の供犠にも広げられて一般化したものとも，解釈できる」。新改訳は，意図的にこのような立場に立って「贖う」と訳してきたわけではないので，結果的に訳語は同じであっても，それに至るプロセスが同じであったわけではない。

[12] 拙論, "Propitiation in the Sacrificial Ritual," *Christ and the World* 15 (Inzai, Chiba: Tokyo Christian University, 2005), 35–60 参照。LXX については，Dirk Büchner, "ἐξιλάσασθαι: Appeasing God in the Septuagint Pentateuch," *JBL* 129 (2010), 237–260 を見よ。

[13] Bernd Janowski は，「宥めの香り」は「罪のきよめのささげ物」に対して二次的であるとする。Bernd Janowski, *Sühne als Heilsgeschehen*, 217 n176.

ささげ物の名称について

協会共同訳では次のようになっている。[14]

「焼き尽くすいけにえ」← 新共同訳「焼き尽くす献げ物」
「穀物の供え物」← 新共同訳「穀物の献げ物」
「会食のいけにえ」← 新共同訳の「和解の献げ物」
「清めのいけにえ」← 新共同訳「贖罪の献げ物」，新改訳第3版「罪のためのいけにえ」
「償いのいけにえ」← 新共同訳「賠償の献げ物」，新改訳第3版「罪過のためのいけにえ」

今回の協会共同訳の方針では，

> 献げ物の種類として，オーラー，ミンハー，ゼバハ・シェラーミーム，ハッタート，アーシャームの訳語を口語訳では「燔祭」「素祭」「酬恩祭」「罪祭」，「愆祭」と，新共同訳で は「焼き尽くす献げ物」「穀物の献げ物」「和解の献げ物」「贖罪の献げ物」「賠償の献げ物」と訳されていましたが，協会共同訳では焼き尽くすいけにえ，穀物の供え物，会食のいけにえ，清めのいけにえ，償いのいけにえと訳されました。ここでは特に，動物犠牲には「いけにえ」という訳語が用いられました。(樋口進，2018)[15]

これは新改訳の方針であったので，協会共同訳は，従来の新改訳の方針を採用したことになる。特に，「焼き尽くすいけにえ」とすることで，単独の「いけにえ」と対になるとき，新改訳第3版までは後者を「ほかのいけにえ」とする問題があったが（レビ17:8，民数15:3など），同じ間違いを協会共同訳でも民数15:8で犯している。[16]

---

[14]「いけにえ」という訳語については，拙論『聖書翻訳を語る』（いのちのことば社，2018年）144-147頁を参照。
[15] https://www.christianpress.jp/higuchi-susumu-5/　Accessed October 21, 2019.
[16]「誓願を果たすため，あるいは会食のいけにえとするため，若い雄牛を焼き尽くすいけにえ，あるいはその他のいけにえとして主に献げるときには……」。しかし，これは新共同訳から引き継いだもののようである。ヨシュア22:27には，「私たちの焼き尽くすいけにえ，会食のいけにえ，その他のいけにえ」とあるが，「その他のいけにえ」はשְׁלָמֵינוּを訳したものである。『聖

　ささげ物について，全般的な見直しが行われた印象はある。しかし，新改訳2017が新たに「いけにえ」を זֶבַח（*zebaḥ*）に限定したのに対し，協会共同訳は，新共同訳ではなく新改訳第3版までの方針を採用したことになる。

■ 協会共同訳におけるささげ物の名称のその他の部分について

　　「焼き尽くすいけにえ」：「焼き尽くす」は新共同訳と同じ。いけにえが「何かを」焼き尽くす，という意味にとられないか。

　　「穀物の供え物」：「穀物の」は新改訳と同じであるが，「供え物」については，代理という原理を感じさせないようなニュアンスがあるのではとの懸念もあり，新改訳2017ではこれを使わないこととした。

　　「会食のいけにえ」：主なる神に献げられた後，残りの肉は礼拝者によって食される。儀式のこの部分を名称に取り入れたようである。しかし，ヘブル語のシェラーミームは「会食」という意味ではなく，「交わり」「平和」という意味である。また，レビ3章には「会食」の部分の規定はないが，会食以上に重要なことがあるのではないだろうか。

　　「清めのいけにえ」：レビ記研究の進展を反映していると言える。また，新共同訳の「贖罪の献げ物」からは大きな改善と言える。しかし，「清め」はささげ物の機能であって，何を清めるかといえば「罪」と「汚れ」である。「罪」を名称に含めないことの問題が残る（以下参照）。ヘブル語には「きよさ」「清さ」についての類義語がいくつかあるが，区別されていないようである。

　　「償いのいけにえ」：新共同訳の「賠償の献げ物」を改訂したと思われる。「償い」という概念に問題はない。アーシャームは文脈によって「償い」と訳すべきであり，レビ5:6では，LXX に依拠してまで「清めのいけにえ」とする必要はない。[17]

書翻訳を語る』145-146頁参照。

17　また協会共同訳の I サムエル6:8では，「償いのいけにえとして主に返す金の品々」という奇妙な訳となっている。

「罪」にかかわるヘブル語の訳

【レビ 4:2】

> נֶפֶשׁ כִּי־תֶחֱטָא בִשְׁגָגָה מִכֹּל מִצְוֹת יְהוָה אֲשֶׁר לֹא תֵעָשֶׂינָה
> וְעָשָׂה מֵאַחַת מֵהֵנָּה:

● 協会共同訳

　イスラエルの人々に告げなさい。主が行ってはならないと命じた戒めの一つについて，人が過って違反した場合，次のようにしなければならない。

● 新共同訳

　イスラエルの人々に告げてこう言いなさい。これは過って主の戒めに違反し，禁じられていることをしてそれを一つでも破ったときの規定である。

● 新改訳 2017

　イスラエルの子らに告げよ。
　人が，主がしてはならないと命じたすべてのことから離れて，気づかずに罪に陥り，その一つでも行ってしまった，以下のような場合には——

　この箇所で協会共同訳は新共同訳を踏襲し，この節全体を要約したようなかたちで訳しているが，原文に忠実な訳とは言いがたい。原文ではまず，「すべての命令」（כָּל מִצְוֹת）と言われ，最後にもう一度，「そのうちの一つ」（אַחַת מֵהֵנָּה）と言われている。また，特に，חָטָא（ḥāṭā’）を「違反する」と訳すことによって，חָטָא（ḥāṭā’）とעָשָׂה（’āśâ）を一緒くたにした訳となっている。新共同訳ではまだ「違反する」や「破る」という語が使われていたが，協会共同訳では，この点で後退したことになるのではないか。

　ただし，不思議なことに「違反する」という訳は，協会共同訳の旧約中，レビ 4-5 章だけに現れるようで，他の文脈では「罪」という訳が使われている。以下でも触れるが，たとえば，「罪」は，レビ 4 章と関係するレビ 16 章で使われている（16:16, 21, 30, 34）。

■ חַטָּאת

　名詞のחַטָּאת（ḥaṭṭā't）は4-5章では「罪」ではなく，「過失」と訳されている（4:3，13，14，23など）が，4-5章とかかわりの深い16章では「罪」と訳されている（16，21，30，34節）。同じ法律的なテキストであるレビ記の内部でなぜ別様に訳されるのか，理由が不透明である。しかし，民数15章では，שְׁגָגָה（šegāgâ）に対しては「過失」（25節），חָטָא（ḥāṭā'）には「罪を犯す」（27節）が当てられている。

　このように，訳語における一貫性のなさが目に付くが，それ以前に，「過失」とは「不注意・怠慢などのために犯した失敗」（『大辞林』）という意味で使われているのか，「法律用語。注意すれば当然結果の発生を予見し，あるいは一定の事実に気づくはずであるのに，不注意によってこれを認識しないこと」（『日本国語大辞典』）という意味で使われているのか分からないが，「違反する」とともに使われているので後者のニュアンスが強く感じられる。しかし，「違反する」や「過失」といった訳語は，現代では共に人間間での不法行為を語る中で使われる用語であり，神に対する違反行為を指す場合には適切ではないのではないか。レビ4-5章は神に対する「罪」を扱っているのである。さらに，人がその「内面において」神の命令を破る場合，それを「過失」と言うのも日本語的には無理がある。

■ אָשֵׁם

　レビ4-5章の規定は難解なテキストでもあるが，ささげ物の儀式に先立つ，条件を述べる部分に登場するאָשֵׁם（'āšēm）という語の意味が解釈上の大きな問題の1つであった。ポイントは，'be guilty' といった法的な立場を意味するのか，それとも，当人が内面において呵責を覚えるということなのか，ということであった。[18] 協会共同訳は，「罪責ある者となる」と訳して前者の立場を採用する（KJV，RSV 参照）。これに対し，この語が当人の内面的な側面を表すのではないかとの提案が出されていた。新改訳2017では，罪の結果としての「咎」の客観的な側面と主観的な側面を合わせ持たせる「責めを覚える」を

---

[18] 筆者の理解では，この議論は，Jacob Milgrom, *Cult and Conscience: The ASHAM and the Priestly Doctrine of Repentance* (Leiden: Brill, 1976), 1–12 に遡る。

採用した。ESV, JPS などの‘realize guilt’に対応する。

　協会共同訳の「罪責ある者となる」は‘be guilty’という KJV などの立場に立つが，この立場では，22-23節，及び27-28節が説明しにくくなる。22-23節は，

22אֲשֶׁר נָשִׂיא יֶחֱטָא וְעָשָׂה אַחַת מִכָּל־מִצְוֹת יְהוָה אֱלֹהָיו
אֲשֶׁר לֹא־תֵעָשֶׂינָה בִּשְׁגָגָה וְאָשֵׁם׃
23אוֹ־הוֹדַע אֵלָיו חַטָּאתוֹ אֲשֶׁר חָטָא בָּהּ
וְהֵבִיא אֶת־קָרְבָּנוֹ שְׂעִיר עִזִּים זָכָר תָּמִים׃

とあり，23節冒頭の אוֹ（’ô）は，人が ’āšēm した場合か，他者から罪を知らされた場合かという２つの可能性を提示していると思われるのであるが，協会共同訳は，

> 22民を導く者が違反した場合，すなわち，神である主が行ってはならないと命じた戒めの一つについて過って違反し，<u>罪責ある者となり，</u>
> 23過失がその者に知らされた場合，

と訳し，’ô を無視したかたちとなっている。やはり，’āšēm は，当人が自分で罪に気づくということを意味する語であって，自分で気づく場合と他者に指摘される場合とが提示されていると考えられる。27-28節も同様で，’āšēm は，条件文の最後の動詞であり，ささげ物を携える前に人は自分の罪に気づいている状態でなくてはならないことを意味する。この理解からすると，協会共同訳のレビ5:2-4, 17, 5:23［新改訳6:4］の訳し方も適当ではないということになる。

　また，協会共同訳は，レビ4-5章では，חָטָא（ḥāṭā’）を「違反する」，名詞の חַטָּאת（ḥaṭṭā’t）を「過失」と訳し，「罪」が消えた。しかし，同じ ḥaṭṭā’t という語は「罪」を意味すると同時に，それに対処する「ささげ物」の名称でもある。この側面を翻訳に出したいものである。そこで，新改訳2017では，ささげ物の名称を「罪のきよめのささげ物」とした。協会共同訳では，’āšēm を「罪責ある者となる」と訳すことによって，「罪」との関連があ

ることは読者には分かるが，ささげ物としての *ḥaṭṭā't* を「清めのいけにえ」としたことによって，それが扱うところの「罪」（「過失」？）に対するものという対応関係が薄れてしまっている。

　聖書における「罪」と「汚れ」は，相互にはっきりと区別されるものではない。より正確に言えば，区別はあるが，連続性もある。一方では，罪と言われ，それに対して「罪のきよめのささげ物」が献げられる場合と，罪とは言われないが「罪のきよめのささげ物」が献げられる場合とがある。他方，罪も汚れもともに「きよめられる」と言われる（レビ16:19, 30）。このような事情があるために，新改訳2017では，少し長くはなるが，「罪のきよめのささげ物」とした。将来的には，もう少し短い名称が考えられてもよいかもしれない。

　נָשָׂא עָוֹן：新改訳2017では，עָוֹן（'āwôn）が「咎」，נָשָׂא עָוֹן（nāśā' 'āwôn）が「咎を負う」と訳されたが，特に協会共同訳の *nāśā' 'āwôn* の訳には大きな問題がある（表を参照）。と言うのも，この句に対して「罪を負う」「罰を負う」「罰を受ける」「悪を取り去る」といった訳語が当てられているが，このような「訳語の揺れ」は，訳者たちがこの句の意味と真剣に取り組んだかどうかを疑わせるものである。すなわち，חָטָא（ḥāṭā'）と *'āwôn* とが区別されていないこと，「負う」と「受ける」が区別されていないことが挙げられるが，ささげ物の規定の中で「罰」という語に至っては，少々驚きを禁じ得ない。ささげ物の規定で，「罰を受ける」（レビ5:1）と言われると，読者に「どんな罰か」とか，「誰が罰するのか」などと思わせることになり，人が負うべき咎を動物が代わりに負う，という代理の原理が不明瞭となってしまう。また，*nāśā' 'āwôn* は律法においては定型的な表現であって，文脈に沿って訳したと言うことはできないと思われる。

「規定の病」

　新改訳2017の「ツァラアト」は，出エジプト4:6（מְצֹרַעַת）が初出であるが，協会共同訳では，ここに「規定の病」という訳が登場している。差別のニュアンスをなくそうとしての，あるいは軽減しようとしてのこの解決方法につ

いては，辻学氏が詳述しており，[19] 氏の指摘は示唆に富むものである。技術的な問題の１つは，出エジプト4:6の欄外に何の注もないことである。巻末には説明はあるので，巻末を参照させる指示があったほうがよい。しかし，そのようなこと以上に，レビ13章の内部で「規定の病」が使われると，この章以外のどこかに規定されているかのような印象を与える。[20] 辻氏が言われるように，「規定の病」は訳ではなく，説明である。

それ以前に，差別的なニュアンスをなくすためという意図からこのような訳に到達したようであるが，「律法で規定された病」という意味で「規定の病」だとすると，隠語化が進むことにならないであろうか。

「律法」

新改訳聖書では，תּוֹרָה (tôrâ) の訳としての「律法」はヨシュア1:7まで使われていない。それまでは「おしえ」としている。「律法」は，モーセの命じたことがらの全体，とりわけ，語られたこと，書かれたものを指すとの認識がある。新共同訳でも，最初に登場するのは，レビ26:46である。しかし，このたびの協会共同訳では，tôrâ が最初に現れる創世26:5から「律法」が使われている。ところが，すべてそのようになっているかと言えばそうではなく，レビ記における儀式規定の文脈ではすべて，「指示」と訳されている（レビ6:9［MT 6:2］，14［MT 6:7］，7:1，11:46，13:59，26:46など）。それはしかし，新共同訳でも同じである。しかし，民数記に入り，「疑いのある妻」（5:29），「ナジル人の誓願」（6:13），「清めの水」（19:1，14）においては，これらの規定もレビ記の規定と同じ「儀式規定」のように思われるのであるが，なぜか「律法」とされている。新共同訳では「指示」であった。どのような識別がなされているのか推測できない。

その前に，そもそも「律法」という訳語にどのような意味を想定しているのかが問題である。巻末の「律法」の項の解説では，「神の意志による教えと戒め」と非常に包括的な意味が考えられているようであるが，その意味であると

---

19 『福音と世界』新教出版社，2019年７月号，14-15頁。
20 マタイ10:8，11:5，ルカ4:27では，主イエスの口から発せられている。

すれば，民数記までの訳を修正する必要があるのではないか。

　また，「指示」という訳語は，しばしば英訳でも採用されている 'instruction' に対応するものであろうが，その日本語は別のヘブル語表現を訳すためにも使われているので，調整が必要かと思われる（民数4:27，27:21，申命17:11，ヨシュア9:14参照）。

　tôrâ は，五書の中でも異なる意味合いで使われていると思われる。その点では，それを文脈に従って訳し分けることも必要であることは認められる。しかし，それならばそれで，レビ記以外の箇所においても，そのような訳し分けがなされてもよかったのではないか。

　新改訳2017では，レビ記での *tôrâ* が「おしえ」と訳され，「指示」とは訳されなかった。この背景には，それが単に儀式的行為の「指示」を意味するものではなく，儀式には象徴的な意味があるとの立場に立ち，その象徴的な解釈を可能とするために「おしえ」という訳を採用したということもある。

おわりに

　以上はこのたび出版された『聖書 聖書協会共同訳』のほんの一部の検討でしかなく，ここから公正な評価が下され得るとは思わないが，感想として次のことを述べておきたい。

　全体的に，日本語に関しては，新共同訳に比べて，より読み易くなったと思われる。しかし，ヘブル語との対応という観点では，問題を含む箇所が意外に多くありそうである。上に検討した事例においては，新共同訳よりも良くなったとは決して言えないのではないか。

　語彙の面で，ヘブル語側の複数の類語を日本語の訳語に忠実に反映させようとする努力が感じられない。2つ以上の類語に同じ訳語が当てられているところがある。新改訳は，漢字と平仮名で区別したり，さまざまなかたちで「原典言語では異なった単語が使われている」ことを翻訳に反映させようとしている。それが成功しているかどうかについては議論はあるであろうが，少なくと

も，原典が透けて見えるように訳そうと努力している。協会共同訳にはその努力が感じられず，もう少し丁寧に訳す必要があるのではないかと思わされる箇所が少なくない。

　逆に，同じヘブル語に対する訳語に整合性に欠ける部分がある。これはもちろん，同じ語であれば同じように訳されなければならないということではない。ただ，訳し方を変えるにしても，それが十分な理由付けがあってのことかどうかということである。

　ヘブル語の釈義のレベルでも改良が望まれる点が少なくない。ただし，翻訳者が聖書批評学の古くからある「定説」に立つのか，あるいは，そのような定説を採用しない新改訳の立場に立つのかでは，*kipper* や *rêaḥ nîḥôaḥ* の場合において明らかなように，語の意味理解に違いが出てくることがある。従って，聖書翻訳においては「原典に忠実な翻訳を目指す」と言うだけでは不十分であり，どのような聖書観に立ち，その時代の聖書批評学の前提や成果をどの程度，またどのように反映させるかという点が翻訳の方向性を決定づけるものとなると言えよう。

邦語訳におけるささげ物の名称

	עֹלָה (ʿōlāh) レビ1章	מִנְחָה (minḥāh) レビ2章	זֶבַח שְׁלָמִים (zebaḥ šᵉlāmîm) レビ3章	חַטָּאת (ḥaṭṭāʾt) レビ4:1-5:13	אָשָׁם (ʾāšām) レビ5:14-6:7
文語訳 (1887)	燔祭	素祭	酬恩祭の犠牲 (いけにえ)	罪祭	愆祭
口語訳 (1955)	燔祭	素祭	酬恩祭の犠牲 (いけにえ)	罪祭	愆祭
新改訳 (1970)	全焼の いけにえ	穀物の ささげ物	和解の いけにえ	罪のための いけにえ	罪過のための いけにえ
新共同訳 (1987)	焼き尽くす 献げ物	穀物の献げ物	和解の いけにえ	贖罪の献げ物	賠償の献げ物
岩波委員会訳 (2004)	全焼の供犠	穀物の供物	和解の犠牲（ぎせい）	浄罪の供犠	償いの供犠
フランシスコ 会訳（2011）	焼き尽くす 献げ物	穀物の供物	和解の献げ物	贖罪の献げ物	賠償の献げ物
新改訳2017 (2017)	全焼の ささげ物	穀物の ささげ物	交わりの いけにえ	罪のきよめの ささげ物	代償の ささげ物
協会共同訳 (2018)	焼き尽くす いけにえ	穀物の供え物	会食の いけにえ	清めの いけにえ	償いの いけにえ

新日本聖書刊行会編『聖書翻訳を語る』（いのちのことば社，2019年）144–147頁参照。

レビ4:1–6:7［MT 5:26］における主要な語の訳

	新共同訳	新改訳2017	聖書協会 共同訳	
kipper （4:20など）	罪を贖う儀式を 行う	宥めを行う	贖いをする	17:11 「贖う」
ḥāṭā' （4:2, 22など）	違反する 罪を犯す	罪に陥る	違反する	16章での*ḥaṭṭā't*は 「罪」（16節など）。 また，レビ記以外 でも「罪を犯す」 が使われている。
'āšēm （4:13, 22など）	責めを負う	責めを覚える	罪責ある者となる	民数5:6「罪責を覚 える」！
mā'al （5:15など）	欺く	信頼を裏切る	背信の罪を犯す （+ *ḥāṭā'* or *'āwôn*）	民数5:12, 27では 「欺く」。申命32:51 では「背く」。ヨシ ュア7:1では「背信 の罪を犯す」。
nāśā' 'āwôn	罪を負う 罰を負う 罪を取り除く	咎を負う	罪を負う 　（出エジプト28:43） 罰を受ける（レビ5:1） 罰を受ける 　　　　　（レビ5:17） 罰を負う（レビ22:16） 悪を取り去る 　　　　　（レビ10:17）	

聖書協会共同訳と新改訳2017
―― ローマ9:5の翻訳をめぐって

内田和彦

　昨年末に出版された『聖書協会共同訳』（以下「協会共同訳」と略す）において，ローマ9:5はどのように翻訳されたであろうか。この箇所に注目するのは，パウロによるキリストの神性を証言するものとして認めることができるか否か，解釈が分かれてきた重要なテキストだからである。[1] 半世紀前，新改訳聖書が誕生した背景にも，この節の翻訳の問題があった。[2]

1．ローマ9:5の訳の比較と解釈の可能性

　ローマ9:5は，どのように訳されて来たのか。まず文語訳（大正改訳）以降の邦訳聖書における訳文を比べてみよう。

● 文語訳（1917年）
　　先祖たちも彼等のものなり，肉によれば，キリストも彼等より出で給ひたり。キリストは萬物の上にあり，永遠に讃むべき神なり，アァメン。

---

[1] ローマ9:5は，新約聖書のどの箇所にもまして多くの議論が歴史上積み重ねられてきた箇所であると，19世紀末に W. Sanday と A. C. Headlam は記したが，その後も，議論が重ねられてきている。W. Sanday & A. C. Headlam, *A Critical and Exegetical Commentary on the Epistle to the Romans*. 5th ed. (ICC; Edinburgh: T. & T. Clark, 1980), 233.

[2] 1955年に「口語訳聖書」が日本聖書協会から発行された。しかし，保守的なプロテスタント諸教派はその翻訳に満足しなかった。堀川勇氏によれば，疑問点は６つあったが，そのうちの１つが，ローマ9:5等，キリストの神性を証しすると思われる重要な箇所の訳し方であった。1962年２月，日本プロテスタント聖書信仰同盟（JPC）聖書翻訳特別委員会の松尾武氏，常葉隆興氏，堀川勇氏は日本聖書協会の代表と会い，この箇所の修正を含む口語訳聖書の改訂を要請したが，納得のいく回答は得られなかった。そのため新たな翻訳に取り組むことになり，８年後に完成したのが「聖書・新改訳」（以下「新改訳」と略す）である。新改訳聖書刊行会編『聖書翻訳を考える［続］』（新改訳聖書刊行会，2008），115-146頁。

● バルバロ訳（1953年）

太祖らも彼らのものである，人間としては，キリストもかれらから出られたのである。<u>キリストは，万物の上にあって，世々に賛美せられた神である</u>。アーメン。

● 口語訳（1955年）

また父祖たちも彼らのものであり，肉によればキリストもまた彼らから出られたのである。<u>万物の上にいます神は，永遠にほむべきかな</u>，アァメン。

● 新改訳（1970年）

父祖たちも彼らのものです。またキリストも，人としては彼らから出られたのです。<u>このキリストは万物の上にあり，とこしえにほめたたえられる神です</u>。アーメン。（引用は新改訳第3版〔2003年〕より）

● 前田護郎訳（1983年）

父祖たちは彼らのもの，肉によればキリストも彼らの出です。<u>彼は万物の上にいます神としてとこしえに讃むべきです</u>。アーメン。

● 新共同訳（1987年）

先祖たちも彼らのものであり，肉によればキリストも彼らから出られたのです。<u>キリストは，万物の上におられる，永遠にほめたたえられる神</u>，アーメン。

● 岩波訳（1996年）

父祖たちも彼らのものであり，肉によればキリストも彼らを出自とする。<u>すべてのものの上におられる神は，永遠に賞むべきである</u>。アーメン。

● フランシスコ会訳（2011年）

先祖たちも彼らのものです。肉によればキリストも彼らから出ました。<u>万物の上におられる神であるキリストは，永遠にたたえられますように</u>。アーメン。

● 新改訳2017（2017年）

　　父祖たちも彼らのものです。キリストも，肉によれば彼らから出ました。キリストは万物の上にあり，とこしえにほむべき神です。アーメン。

● 協会共同訳（2018年）

　　先祖たちも彼らのものであり，肉によればキリストも彼らから出られたのです。キリストは万物の上におられる方。神は永遠にほめたたえられる方，アーメン。

　　NA 26版〜28版，UBS 3版〜5版における校訂本文は，

　　ὧν οἱ πατέρες καὶ ἐξ ὧν ὁ Χριστὸς τὸ κατὰ σάρκα, ὁ ὢν ἐπὶ πάντων θεὸς εὐλογητὸς εἰς τοὺς αἰῶνας, ἀμήν.

であるが，問題は後半の ὁ ὢν 以下が Χριστὸς にかかるか否か，また，かかるとすれば，どこまでがかかると考えるべきかである。これまで提案されてきた主要な見方は，以下の5つであるが，[3] 上記の邦訳は，そのうちの4つにそれぞれ基づいている。

　⑴ὁ ὢν 以下は Χριστὸς にかかるが，ὁ ὢν ἐπὶ πάντων と θεὸς εὐλογητὸς εἰς τοὺς αἰῶνας を分けて，「キリストは，万物の上におられ，永遠にほめたたえられる神，アーメン」と訳す。この種の訳し方をしているのは文語訳，バルバロ訳，新改訳1970，新共同訳，フランシスコ会訳，新改訳2017，協会共同訳欄外である。[4]

　⑵ὁ ὢν 以下は Χριστὸς にかかるが，ὁ ὢν ἐπὶ πάντων θεὸς と εὐλογητὸς εἰς τοὺς αἰῶνας を分けて，「キリストは万物の上におられる神，永遠にほめたたえられる方，アーメン」と訳す。前田訳のみこのような訳し方をしてい

3　C. E. B. Cranfield, *The Epistle to the Romans* (ICC; Edinburgh: T. & T. Clark, 1979), 2; 465.
　ただし，Cranfield は下記の⑷に含まれる2つの見解を別々に扱い，6つの解釈を並記している。

4　ただし，フランシスコ会訳は ὁ ὢν ἐπὶ πάντων θεὸς を attributive として訳している。英訳では KJV，NKJB，ASV，NRSV，New Testament in Hebrew and English，NEB 欄外。なお，NJB，WEB では「万物の上におられる・神・永遠にほめたたえられる」と3つキリストを修飾する言葉が並置されている。

る。[5]

(3) ὁ ὢν ἐπὶ πάντων のみ Χριστὸς にかかり，続く θεὸς εὐλογητὸς εἰς τοὺς αἰῶνας, ἀμήν は神に対する頌栄であるとして，「キリストは万物の上におられる方。神は永遠にほめたたえられる方，アーメン」と訳す。協会共同訳のみこのような訳し方をしている。[6]

(4) ὁ ὢν 以下全体が θεὸς を主語とする独立した頌栄であると見て，「万物の上におられる神は永遠にほめたたえられる方，アーメン」と訳す。この種の訳し方は，口語訳，岩波訳，協会共同訳欄外に見出される。[7]

(5) ὁ ὢν を ὧν ὁ に修正して，「万物の上におられる神も彼らのものです。神は永遠にほめたたえられる方，アーメン」と訳す。

これらのうち，最後の(5)は推測に基づく修正（conjectural emendation）を提案するが，その可能性を指摘したのは17世紀の J. Szlichting である。[8] 彼自身はそれを受け入れなかったが，18世紀になって，幾人か支持する者たちが現れた。しかし，J. A. Bengel はこれに詳細な検討を加えたうえで拒否した。[9] 20世紀に入ると，K. Barth が初めこの説明を受け入れたが，[10] 後に否定することになった。[11] 確かに(5)の仮説を受け入れると4-5節に ὧν ἡ . . . ὧν οἱ . . . ὧν ὁ という三重のパラレリズムが構成されるので，一見魅力的である。しかしながら，次のような難点があり，[12] 受け入れることはできないし，事実，注解者たちに受け入れられてこなかった。すなわち，パウロはここでイスラエルの特権をリストアップしてきて，最後に「キリストも彼らから出た（ἐξ ὧν）」と記し

---

5 英訳では NASB, ESV, NIV, NIV2011, NET が同じ訳し方をしている。

6 英訳では CJB, JNT, NIV 欄外，NEB 欄外にこの種の訳が見られる。

7 英訳では RSV, NABRE, NEB, REB, GNB, NIV 欄外にこの種の訳が見られる。これに近い訳は「万物の上におられる方，神は永遠にほめたたえられる方，アーメン」で，ὁ ὢν ἐπὶ πάντων を主語，θεὸς をその同格と見ている。

8 Cranfield, *Romans*, 465, n.2.

9 J. A. Bengel, *Gnomon of the New Testament, trans. James Bryce* (Edinburgh: T. & T. Clark, 1863), 3:122-124.

10 K. Barth, *The Epistle to the Romans*, trans. E. C. Hoskyns (London: Oxford University Press, 1933), 330-331, 339.

11 K. Barth, *Church Dogmatics*, II/2: *The Doctrine of God*, trans. T. H. L. Parker et al. (Edinburgh: T. & T. Clark, 1957), 205.

12 議論の詳細は Cranfield, *Romans*, 466. さらに詳細な議論は Murray Harris, *Jesus as God* (Grand Rapids: Baker, 1992), 147-148.

ているのであって，その後に再び ὧν ὁ をもってイスラエルに賦与されている
ものを挙げるとすればぎこちない。しかもこの仮説に従えば，最後に「万物の
上におられる神」を付け足しのように挙げていることになり，それは，極めて
考え難いことである。そもそも，本文の修正を提唱するこの見解は，写本や古
代語訳の翻訳による裏付けを欠いた想像上のものにすぎない。

　さて，本文の修正は不要であるとすれば，校訂本文に関して残る問題は句読
点である。NA 25版，UBS 初版〜 2 版では，ὧν οἱ πατέρες, καὶ ἐξ ὧν ὁ
Χριστὸς τὸ κατὰ σάρκα· ὁ ὢν ἐπὶ πάντων θεὸς εὐλογητὸς εἰς τοὺς
αἰῶνας, ἀμήν. であって，πατέρες の後にカンマ，κατὰ σάρκα の後にセミ
コロンが打ってある。それに対して，NA 26版〜28版，UBS 3 版〜 5 版では
上述したように，ὧν οἱ πατέρες καὶ ἐξ ὧν ὁ Χριστὸς τὸ κατὰ σάρκα, ὁ
ὢν ἐπὶ πάντων θεὸς εὐλογητὸς εἰς τοὺς αἰῶνας, ἀμήν. である。したがっ
て，前者の本文を普通に読めば，ὁ ὢν 以下を，神を讃える頌栄と理解するこ
とになり，上記(4)のような訳し方となる。また，後者の本文は，ὁ ὢν 以下を，
キリストを讃える頌栄と理解することになり，上記(1)ないし(2)のような訳し方
となる。[13] (3)の訳し方をするためには，加えて ὁ ὢν ἐπὶ πάντων の後にセミコ
ロンを打って，キリストについての叙述をいったん終わらせなければならな
い。[14] いずれにせよ，ローマ9:5を含む古代の写本において，この箇所の句読点
の打ち方は一貫性を欠いており，句読点の種類と有無のデータによって，この
箇所の釈義を裏付けることはできない。[15] 逆に，NA や UBS の校訂本文は，妥
当と思われる解釈を反映したものであり，その点からすれば，(3)(4)の解釈より
(1)(2)のほうがより多くの支持を受けているということであろう。

▌2．神を讃える頌栄という解釈の根拠とその評価

　さて，(1)〜(4)を改めて比較すれば，(1)と(2)は単に訳し方の違いであって，い

---

[13] (2)の理解に立つなら，εὐλογητὸς の前にカンマが欲しいところである。
[14] この句読点の打ち方は，NA25版の欄外で 1 つの可能性として挙げられている。
[15] Harris, *Jesus as God*, 149. Harris によれば，ローマ9:5を含んだ小文字体写本の 4 分の 3 ない
　　し 5 分の 4 において，σάρκα でいったん文章が終わっているが，200年頃のパピルス写本 P46
　　や 4 世紀のシナイ写本等，初期の大文字体写本では切れ目なしに文が続いている。

ずれにおいても、「神」という語がキリストに帰せられ、神であるキリストに頌栄がささげられている。それに対して、(3)と(4)はいずれも、父なる神に対する頌栄がささげられているという解釈に立ち、違いは、ὁ ὢν ἐπὶ πάντων をキリストを修飾する句とするか、父なる神を修飾する句とするかだけであって、基本的な理解は一致している。そこでまず、後者、(3)と(4)を支持する議論を検討していきたい。εὐλογητὸς εἰς τοὺς αἰῶνας, ἀμήν は父なる神にささげられた頌栄であるとする見解を支える議論は、以下の7つに要約できよう。[16]

(i)パウロの手紙において、イエスに対して「神」という言葉が帰せられている明瞭な箇所はない。パウロはイエスを「神」と呼ぶことを避けたと思われる。[17]

(ii)古代の写本の大半は、τὸ κατὰ σάρκα で文章が終わるように句読点が打ってあるので、ὁ ὢν ἐπὶ πάντων はキリストの描写ではなく、神について描写する新しい文章の始まりとなる。

(iii)ヨハネ3:31では、ὁ ὢν が新しい主題の文章の始まりを示している。

(iv)キリストは「万物の上にある」(ἐπὶ πάντων) のではなく、「万物に先立って存在する」(πρὸ πάντων) と、コロサイ1:17で言われている。エペソ4:6によれば、「すべてのものの上にある」方 (ὁ ἐπὶ πάντων) は父なる神だけである。

(v)新約聖書における εὐλογητός は、他の7箇所すべてにおいて父なる神を讃える言葉であり、キリストに対する賛美（6箇所）はすべて εὐλο-

---

16 以下は、M. Black, *Romans* (NCBC; Grand Rapids: Eerdmans, 1973), 130; H. A. W. Meyer, *Critical and Exegetical Handbook to the Epistle to the Romans*. reprint ed. trans. W. P. Dickson and J. C. More (Peaboday: Hendrickson, 1884), 360-364; E. Käsemann, *Commentary on Romans*. trans. G. W. Bromiley (Grand Rapids: Eerdmans, 1980), 259-260; J. D. G. Dunn, *Romans 9-16* (WBC; Dallas: Word Books, 1988), 528-529, 535-536; P. Stuhlmacher, *Paul's Letter to the Romans: A Commentary* trans. S. J. Hafemann (Louisville: Westminster / John Knox, 1994), 145-146; G. O'Collins, *Christology: A Biblical, Historical, and Systematic Study of Jesus* (Oxford: Oxford University Press, 1995), 144 等の議論の要約である。

17 協会共同訳の訳し方は、ユダヤ人の Complete Jewish Bible や Jewish New Testament でも採用されている。イエスを「神」と表現して、多神教と誤解されることのないよう、パウロは記したはずだという確信は、ある程度今日のユダヤ人キリスト者に共有されているのかもしれない。J. Shulam, *A Commentary on the Jewish Roots of Romans* (Baltimore: Lederer, 1997), 340 参照。ただし、*The New Testament in Hebrew and English* は(1)の訳を採用している。

γημένος で表現されている。

(vi) ἀμήν は普通「神が讃えられますように」といった頌栄の祈りとともに用
いられる。パウロは決してキリストに頌栄をささげたりしない。Ⅱテモテ
4:18はキリストに頌栄がささげられているように見えるが，頌栄の対象で
ある「主」は父なる神を指している。

(vii)この文脈でパウロは，イスラエルに対する多くの祝福に言及しているゆ
え，最後に神を誉め讃えるのはもっともなことである。

　これらの議論に対して最後のものから始めて順次検討を加えていこう。[18] 第
1に，文脈上の問題(vii)であるが，確かにイスラエルにさまざまな特権が与えら
れている事実のゆえに，パウロが神を讃えているととれないこともない。しか
し，彼がここで吐露している心情は，むしろイスラエルの不信仰に対する深い
悲しみである。そこで，神に対する頌栄が突然パウロの口をついて出て来ると
は思い難い。パウロがキリストを遣わしてくださった神を讃えていると解する
ことも可能かもしれないが，1-5節の基本的なトーンは同胞の頑なさゆえの悲
しみと痛みである。そこでむしろ，パウロはここで同胞の不信仰を嘆きなが
ら，なおキリストの到来の恵みを思いめぐらした結果，キリストのすばらしさ
に感極まって，「このキリストは万物の上にあり，とこしえにほめたたえられ
る神です」と語らずにはおれなかった，とするほうが納得できる。確かにパウ
ロは，キリスト教信仰が多神教と誤解されないよう，イエスを直接「神」と呼
ぶことには慎重で，基本的には LXX で神をあらわす呼称「主」（κύριος）
を，イエスに帰すにとどめているように思われる。しかし，ここではイスラエ
ルの不信仰を悲しむ余り，「イエスは神」と叫ばずにはおられなかったのでは
ないか。

---

18 以下の議論については，Sanday & Headlam, *Romans*. 233-238; E. Stauffer, "θεός," in *TDNT*
3:105; O. Cullmann, *The Christolgy of the New Testament*, trans. S. C. Guthrie and C. A. M.
Hall, rev. ed. ET (London: SCM Press, 1963), 312-313; Cranfield, *Romans*, 2:464-470; Harris,
Jesus as God, 143-172; J. A. Fitzmyer, *Romans* (*AB*; New York: Doubleday, 1993), 548-549;
Douglas J. Moo, *The Epistle to the Romans* (*NICNT*; Grand Rapids: Eerdmans, 1996), 565-568;
T. S. Schreiner, *Romans* (*BECNT*; Grand Rapids: Baker, 1998), 486-489; N. T. Wright, *Paul and
the Faithfulness of God* (Minneapolis: Fortress, 2013), 707-708; R. N. Longenecker, *The Epistle
to the Romans* (*NIGTC*; Grand Rapids: Eerdmans, 2016), 788-792 を参照。

第2に，ἀμήνの問題(vi)であるが，確かに，パウロの手紙においてこの語を頌栄の結びで繰り返し用い，しかも賛美の対象は父なる神である（ローマ1:25，11:36，16:27，ガラテヤ1:5，エペソ3:21，ピリピ4:20）。しかし，パウロ書簡におけるἀμήνの用例はそれだけではなく，当然ながら祈りの結びにおいても用いられている（ローマ15:33，ガラテヤ6:18，Ⅰテサロニケ3:13）。また，その基本的な意味が「まことに，本当に」という意味であれば，書簡の冒頭の祈りにおいて，繰り返し父なる神とともに恵みと平安の源である方として語られるキリストに，ἀμήνなる語が相応しくないとは言えない。ἀμήνをもって閉じられる賛美が，キリストに向けられるはずがないと決めてかかるべきではないであろう。

この箇所のἀμήνはεὐλογητὸςとともに用いられているので，頌栄を結ぶものであるが，同時に，1～5節全体の文脈においては祈りの結びと解することもできる。ここでパウロは同胞イスラエルの民の霊的な眼が開かれ，イエスをメシアとして認めることができるよう祈願している。頌栄や賛美は，同時に祈りでもあるゆえ，イエスを神として讃えつつ，ἀμήνで終えることは文脈にふさわしい。

パウロ書簡としての牧会書簡の真正性を認めない者たちにとっては，Ⅱテモテ4:18をパウロの用法を判断する資料として持ち出すことは意味がないかもしれないが，この箇所についても短く触れておきたい。この章の冒頭，1節で「神の御前で，また，生きている人と死んだ人をさばかれるキリスト・イエスの御前で」という言葉をもって勧めが始められている。そして，8節に「正しいさばき主である主」とあるが，続く「主の現れを慕い求めている人には」という言葉から，主はキリストを指していることが分かる。その「主」を受けて，17節では「主は私とともに立ち，私に力を与えてくださいました」と述べていることからすると，18節の「主」もキリストと解するのが自然であり，キリストに対する頌栄があることになる。

第3に，εὐλογητός，εὐλογημένοςをめぐる(v)の議論であるが，確かに新約において使い分けがなされているように見える。しかしながら，同様の区別

をしているように見える LXX において，εὐλογητός が人に，εὐλογημένος が神について使われている例が少なからずある。[19]

　第 4 に，(iv)の議論であるが，「万物に先立って存在する」ことと「万物の上にある」ことは，必ずしも二者択一的ではない。エペソ1:20-22でパウロは「[20]この大能の力を神はキリストのうちに働かせて，キリストを死者の中からよみがえらせ，天上でご自分の右の座に着かせて，[21]すべての支配，権威，権力，主権の上に，また，今の世だけでなく，次に来る世においても，となえられるすべての名の上に置かれました（ὑπεράνω πάσης ἀρχῆς καὶ ἐξουσίας καὶ δυνάμεως καὶ κυριότητος καὶ παντὸς ὀνόματος ὀνομαζομένου, οὐ μόνον ἐν τῷ αἰῶνι τούτῳ ἀλλὰ καὶ ἐν τῷ μέλλοντι·）。[22]また，神はすべてのものをキリストの足の下に従わせ，キリストを，すべてのものの上に立つかしらとして教会に与えられました」と書いている。このようなパウロであれば，キリストを「万物の上にある」と表現しても不思議ではない。

　加えて，もしパウロがローマ9:5で「万物の上におられる神」と言おうとしたのであれば，ὁ ἐπὶ πάντων θεός と記せばよかったのであって，ὤν は不要であったろう。[20] 分詞 ὤν の存在は，続く叙述が先行する言葉，キリストに関するものであることを示唆しているのではないか。

　第 5 に，(iii)の議論は，ὁ ὤν が新しい主題の導入になり得るとしているだけであって，必ずそうなることを要求しているわけではない。実際，ヨハネ1:18，Ⅱコリント11:31では，[21] 先行する言葉をそのまま受けている。また後述するように，ローマ9:5では τὸ κατὰ σάρκα をはさんで先行する「キリスト」を受けているととるのが，文脈上自然である。

　第 6 に，(ii)の議論はすでに論じたとおり，古代写本において句読点というも

19　εὐλογητός が人に使われているのは創世12:2，26:29，43:28，申命7:14，33:24，士師17:2 等，εὐλογημένος が神について使われているのはⅠ列王10:9，Ⅰ歴代16:36，Ⅱ歴代9:8等である。

20　Sanday & Headlam, *Romans*, 236; Cranfield, *Romans*, 468.

21　ヨハネ1:18 θεὸν οὐδεὶς ἑώρακεν πώποτε· μονογενὴς θεὸς ὁ ὢν εἰς τὸν κόλπον τοῦ πατρὸς ἐκεῖνος ἐξηγήσατο. Ⅱコリント11:31 ὁ θεὸς καὶ πατὴρ τοῦ κυρίου Ἰησοῦ οἶδεν, ὁ ὢν εὐλογητὸς εἰς τοὺς αἰῶνας,

54

のが定着していなかった実情を考慮すると，説得力を失う。それに，5世紀以前の写本には，σάρκα の後にコロンを打っているものはない。

　第7に，結局のところ，口語訳や共同訳のような理解を支える1番の理由は，(i)の，パウロがキリストを「神」と呼んだ例はなく，それは考えられないということだと思われる。[22] しかし，他に例がないから，絶対ありえないと即断するのは性急ではないか。実際，パウロ書簡において，イエスが「神」と告白されている可能性のある箇所として，Ⅱテサロニケ1:12とテトス2:13がある。これらを慎重に検討したうえでなければ，断定はできない。

　また，パウロがイエスを「神」と呼ぶことが決してなかったか否かは，彼のキリスト理解の全体を考察したうえでなければ即断できない。それはこの小論で扱うには余りに大きなテーマであるが，パウロがキリストに帰している幾つかの点を考慮するなら，「神」と告白することは，決して突出したことではない。例えば，ローマ14:9で，「キリストが死んでよみがえられたのは，死んだ人にも生きている人にも，主となるためです」と述べていることは，キリストを神とみなすのでなければ，語り得ないことではないか。また，ローマ10:13の「主の御名を呼び求める者はみな救われる」という言葉は，ヨエル2:32において主なる神について語られた言葉の引用であるが，ここでの「主」がキリストを指しているのは明らかである。それは，9節に「イエスを主と告白し」，イエスの復活を信じたら救われる，とあるからである。加えて12-14節で「呼び求める」とあるゆえ，イエスは祈りの対象ともみなされていることが分かる。さらにまた，キリストは神と並置され，神の恵みと平安の源とされている（ローマ1:7をはじめ，コロサイ人への手紙，テモテへの手紙第1，第2を除く10の「パウロ書簡」の冒頭においてそうである）。また，ピリピ2:6には，「キリストは，神の御姿であられる（ἐν μορφῇ θεοῦ ὑπάρχων）のに，神としてのあり方（τὸ εἶναι ἴσα θεῷ）を捨てられないとは考えず」とある。[23] こうし

22 実際，簡単な説明のみで θεός を「父なる神」とする判断を示す場合，最も多いコメントは，「パウロがイエスを神と呼ぶはずがない」といった類のものである。2019年6月17日の説教塾・公開講演会で住谷眞氏は，ローマ9:5の協会共同訳を擁護して，「パウロの真正書簡において，パウロがキリストを『神』と言う箇所はどこにもないので，新改訳，新共同訳のように理解することはできない」と語っている。
23 協会共同訳では「キリストは　神の形でありながら　神と等しくあることに固執しようとは

たことからして，パウロがイエスを「神」と呼んでも不思議ではない。[24]

　以上の考察からすれば，ὁ ὢν ἐπὶ πάντων を，キリストを修飾する句ととる
か否かは別として，θεὸς εὐλογητὸς εἰς τοὺς αἰῶνας, ἀμήν を父なる神を讃
えるものと理解しなければならない決定的な理由はないと思われる。それで
は，翻ってキリストを神として讃えているという読み方を採用するよう促す事
実はあるのだろうか。

3．キリストを神として讃えているという解釈の根拠とその評価

　神であるキリストに頌栄がささげられているという理解に有利と思われる事
実が，3つある。

　(i)第1は，頌栄の形式に関わる考察である。パウロ書簡において，文章や段
落の始めに神を讃える頌栄が置かれている例がある。Εὐλογητὸς ὁ θεὸς で始
まるⅡコリント1:3，エペソ1:3や，Ⅰテモテ1:17がそうである。またローマ
16:25-27では，段落の全体が頌栄になっている。しかし，それ以上に多いのは
以下のように，ローマ9:5と同じ，文の途中で頌栄が導入されるケースである。

・ローマ1:25

　οἵτινες μετήλλαξαν τὴν ἀλήθειαν τοῦ θεοῦ ἐν τῷ ψεύδει καὶ
ἐσεβάσθησαν καὶ ἐλάτρευσαν τῇ κτίσει παρὰ τὸν κτίσαντα, ὅς
ἐστιν εὐλογητὸς εἰς τοὺς αἰῶνας, ἀμήν.

　頌栄を導入する ὅς は，直前の τὸν κτίσαντα を受けている。

・ローマ11:36

　ὅτι ἐξ αὐτοῦ καὶ δι᾽ αὐτοῦ καὶ εἰς αὐτὸν τὰ πάντα· αὐτῷ ἡ δόξα εἰς
τοὺς αἰῶνας, ἀμήν.

　頌栄の対象 αὐτῷ は，33-35節で讃えられている神である。

・ローマ16:27

思わず」と訳されている。

24　この箇所の θεός が無冠詞であることも考慮すべきかもしれない。すなわち，ヨハネ1:1と同
　様に，父なる神と identify することはできないが，父なる神と同じ神性を有する方として，キ
　リストを提示しているということである。

56

μόνῳ σοφῷ θεῷ, διὰ Ἰησοῦ Χριστοῦ, ᾧ ἡ δόξα εἰς τοὺς αἰῶνας, ἀμήν.

頌栄の対象 ᾧ が μόνῳ σοφῷ θεῷ であることは明らかである。

・Ⅱコリント11:31

ὁ θεὸς καὶ πατὴρ τοῦ κυρίου Ἰησοῦ οἶδεν, ὁ ὢν εὐλογητὸς εἰς τοὺς αἰῶνας,

ここで，εὐλογητὸς と言われている方がイエスの父である神であることは明白である。

・ガラテヤ1:4-5

... κατὰ τὸ θέλημα τοῦ θεοῦ καὶ πατρὸς ἡμῶν, 5 ᾧ ἡ δόξα εἰς τοὺς αἰῶνας τῶν αἰώνων, ἀμήν.

賛美の対象である ᾧ は直前の τοῦ θεοῦ καὶ πατρὸς ἡμῶν を受けている。

・エペソ3:21

αὐτῷ ἡ δόξα ἐν τῇ ἐκκλησίᾳ καὶ ἐν Χριστῷ Ἰησοῦ εἰς πάσας τὰς γενεὰς τοῦ αἰῶνος τῶν αἰώνων, ἀμήν.

栄光が帰せられる αὐτῷ は19節の最後の θεοῦ である。

・ピリピ4:20

τῷ δὲ θεῷ καὶ πατρὶ ἡμῶν ἡ δόξα εἰς τοὺς αἰῶνας τῶν αἰώνων, ἀμήν.

では，頌栄は独立しているが，内容的には19節の内容を引継ぎ，ὁ δὲ θεός μου を受けている。

・Ⅰテモテ6:15-16

ὁ μακάριος καὶ μόνος δυνάστης, ὁ βασιλεὺς τῶν βασιλευόντων καὶ κύριος τῶν κυριευόντων, 16 ὁ μόνος ἔχων ἀθανασίαν, φῶς οἰκῶν ἀπρόσιτον, ὃν εἶδεν οὐδεὶς ἀνθρώπων οὐδὲ ἰδεῖν δύναται· ᾧ τιμὴ καὶ κράτος αἰώνιον, ἀμήν.

この頌栄も，先行する文脈に示されている神にささげられている。

・Ⅱテモテ4:18

ῥύσεταί με ὁ κύριος ἀπὸ παντὸς ἔργου πονηροῦ καὶ σώσει εἰς τὴν βασιλείαν αὐτοῦ τὴν ἐπουράνιον· ᾧ ἡ δόξα εἰς τοὺς αἰῶνας τῶν αἰώνων, ἀμήν.

においても，ᾧ で示されている賛美の対象が ὁ κύριος であることは明らかである。

このように，叙述の途中で頌栄がささげられる場合，いずれもその対象は直前の文脈で語られていた神であった。神がいつも頌栄の対象であるという点に注目すれば，ローマ9:5においても神が εὐλογητὸς εἰς τοὺς αἰῶνας, ἀμήν という言葉で讃えられていると考えるべきかもしれない。しかしながら，むしろここで注目すべきは頌栄の形式である。ὁ ὢν ἐπὶ πάντων を先行する ὁ Χριστὸς にかけるにせよ，続く θεὸς にかけるにせよ，もしローマ9:5の頌栄を神に向けられたものと解するなら，先行する文章からまったく独立した頌栄として唯一の例ということになる。もちろん，「唯一」ということ自体は，拒むべき決定的な理由ではない。しかし，ここでは，それに加えて，ὁ ὢν ἐπὶ πάντων 以下，あるいは θεὸς εὐλογητὸς 以下の文が，接続詞を欠いた asyndeton（連辞省略）になってしまう。それは，いかにも唐突で不自然ではないか。

(ii)第2に，もし独立した頌栄が父なる神にささげられていたとすれば，言葉の順序が不自然である。旧約でも新約でも，独立した頌栄は בָּרוּךְ, εὐλογη-τός で始まる（創世9:26, 14:20, 24:27, 出エジプト18:10, Ⅰサムエル25:32, 詩篇28:6, 31:21, Ⅱコリント1:3, エペソ1:3, Ⅰペテロ1:3）が，この箇所では εὐλογητὸς の前に ὁ ὢν ἐπὶ πάντων θεὸς，あるいは θεὸς があることになる。

この不自然さを説明するために，パウロは万物の支配者である神を強調したかった，という指摘があるが，そのためなら εὐλογητὸς θεὸς ὁ (ὢν) ἐπὶ πάντων としても差し支えない。また，εὐλογητός が文頭に置かれていない例として，LXX の詩篇67:19［新改訳68:18］にある κύριος ὁ θεὸς εὐλο-γητός が引き合いに出されるが，そもそもこの句は原文に欠けているもので，翻訳ミスの可能性がある。また，この節には続いて εὐλογητὸς κύριος とある

ので，この付加により適切な表現に修正されているとも解せる。ともあれ，εὐλογητός が先頭に置かれていないのに，独立した頌栄ととるよりも，先行する文脈を受けて，ὁ ὤν 以下全体をキリストについて語られたものととるほうが自然である。[25]

(iii)第3の点は，「人としては／肉によれば」という表現の存在である。κατὰ σάρκα に τὸ がついていることから，パウロがこの点を強調していることが分かる。このような語り方は，続いて，神としてのキリストへの言及があることを期待させる。人としてのキリストと神としてのキリストの対比があれば，パウロが「人としては／肉によれば」と限定したことが納得できる。しかし，続く文において，パウロが神であるキリストを誉め讃えずに，父なる神への頌栄に転じたとすれば，それもまた唐突である。

もし，ここに人としてのキリストと，神として賛美されるべきキリストの対比があるとすれば，この手紙の冒頭1:3-4におけるキリスト告白につながることになる。そこでは，「肉によればダビデの子孫から生まれ」た御子（τοῦ υἱοῦ αὐτοῦ τοῦ γενομένου ἐκ σπέρματος Δαυὶδ κατὰ σάρκα）と，「聖なる霊によれば，死者の中からの復活により，力ある神の子として公に示された（τοῦ ὁρισθέντος υἱοῦ θεοῦ ἐν δυνάμει κατὰ πνεῦμα ἁγιωσύνης ἐξ ἀναστάσεως νεκρῶν）」御子が対で語られている。パウロ書簡の冒頭にこのようなキリスト論の要約が提示されること自体，例外的であるが，それは他の書簡と違っていまだ訪れたことのないローマの教会に宛てているゆえ，手紙の差出人と宛先人をつなぐ福音を明示する必要があったためであろう。そのような導入で始まったこの書簡は，8章の終わりまでに，そのキリストによってもたらされた救いの恵みを明らかにしている。そして9章以下3章にわたり，パウロの心にかかっていた同胞イスラエル人の救いの問題を論じることになる。その冒頭において，手紙の冒頭同様，キリストがだれであるかを2つの面から明らかにしたとすれば，実に自然な流れである。

1章ではキリストの神的側面を「聖なる霊によれば，死者の中からの復活に

---

[25] εὐλογητός に関する詳細な議論については Harris, *Jesus as God*, 160-165.

より，力ある神の子として公に示された」と控えめに表現したパウロである。しかし，神による救いの御業の全体を語ってきたそのクライマックスとも言うべき8章末では，「神の右の座に着」くキリストに言及する（8:34）。また「私たちをキリストの愛から引き離す」ものはない，と語るとともに，いかなるものも「私たちの主キリスト・イエスにある神の愛から，私たちを引き離すことはできません」と語ることによって，神の愛とキリストの愛の一体性が明らかにされる（8:35, 39）。このように福音の素晴らしさを語る一連の教えが一段落したところで，パウロは改めて自らの同胞ユダヤ人の救いに思いを向けたのである。心を頑なにしてキリストを拒む同胞の現実に，深い悲しみと嘆きを覚えて当然であろう。その悲痛な訴え，切実な願いを吐露する数節のクライマックスが9:5である。そこで，「キリストは万物の上にあり，とこしえにほむべき神です」と叫ぶことになったとしても不思議ではない。

結び

ローマ9:5の訳として，協会共同訳はこれまで比較的採用されることの少なかったものを選択した。ὁ ὢν ἐπὶ πάντων まではキリストの修飾，残りのθεὸς εὐλογητὸς εἰς τοὺς αἰῶνας, ἀμήν を父なる神の頌栄とする訳である。ὁ ὢν ἐπὶ πάντων θεὸς εὐλογητὸς εἰς τοὺς αἰῶνας, ἀμήν 全体を父なる神への頌栄とする口語訳に比べて，分詞句 ὁ ὢν ἐπὶ πάντων を先行する文ではなく後続の θεὸς εὐλογητὸς につなげる不自然さは除かれるが，頌栄の頭にεὐλογητός が置かれていない不自然さは変わらない。これまでの考察を総合すれば，ὁ ὢν 以下全体が ὁ Χριστὸς の説明であり，ἐξ ὧν ὁ Χριστὸς τὸ κατὰ σάρκα と ὁ ὢν ἐπὶ πάντων θεὸς εὐλογητὸς εἰς τοὺς αἰῶνας で，人としてのキリストと神としてキリストが対比されていると解するのが，最も素直な読み方ではないだろうか。

日本聖書協会による戦後の和訳の変遷をたどると，口語訳，新共同訳，協会共同訳と訳し方が大きく変わってきたローマ9:5である。そして，キリストの神性を証ししていないと理解した点においては，協会共同訳は口語訳に戻ったことになる。ただし，新改訳，新改訳2017が採用してきた神としてのキリスト

に対する頌栄とする訳も，欄外に「別訳」として記されている。以上の考察か
らすれば，むしろ欄外の訳を本文に採用すべきであったのではないか。

新改訳2017の新約における旧約引用について
—— マタイ2:6, 使徒13:22の場合

三浦　讓

1. 序

　新改訳2017においては，新約における旧約引用の改訳について，旧約部門，新約部門，日本語部門からの委員たちで協同して取り組んだが，その改訳の背後にある理解の一端を述べたい。本稿においては，特にマタイ2:6と使徒13:22の，ダビデとイエスの関係にかかわる2箇所の旧約引用を取り上げる。その際に，最近出てきた聖書協会共同訳とも比較することとする。

2. マタイ2:6における旧約引用

　ミカ5:2のテキストと引用先のマタイ2:6の新改訳第3版から2017への改訳，および新共同訳から聖書協会共同訳への改訳を以下に示す。

【ミカ5:2】　　　　　　　　　　　　　【5:1】
　　●新改訳第3版　　　　　　　　　　　●新共同訳
ベツレヘム・エフラテよ。　　　　　　エフラタのベツレヘムよ
あなたはユダの氏族の中で　　　　　　お前はユダの氏族の中で
　　最も小さいものだが，　　　　　　　　いと小さき者。
あなたのうちから，　　　　　　　　　お前の中から，わたしのために
　　わたしのために，
イスラエルの　　　　　　　　　　　　イスラエルを治める者が出る。
　　支配者になる者が出る。
その出ることは，昔から，　　　　　　彼の出生は古く，
永遠の昔からの定めである。　　　　　　永遠の昔にさかのぼる。

↓   ↓

● 新改訳2017   ● 協会共同訳
ベツレヘム・エフラテよ，   エフラタのベツレヘムよ
あなたはユダの氏族の中で，   あなたはユダの氏族の中では
　あまりにも小さい。   　最も小さな者。
だが，あなたからわたしのために   あなたから，私のために
イスラエルを治める者が出る。   イスラエルを治める者が出る。
その出現は昔から，   その出自は古く，
永遠の昔から定まっている。   　とこしえの昔に遡る。

【マタイ2:6】
● 新改訳第3版   ● 新共同訳
ユダの地，ベツレヘム。   ユダの地，ベツレヘムよ，
あなたは   お前はユダの指導者たちの中で
　ユダを治める者たちの中で，
決して一番小さくはない。   決していちばん小さいもの
                               　ではない。
わたしの民イスラエルを   お前から指導者が現れ，
　治める支配者が，   わたしの民イスラエルの
あなたから出るのだから。   　牧者となるからである。

↓   ↓

● 新改訳2017   ● 協会共同訳
ユダの地，ベツレヘムよ，   ユダの地，ベツレヘムよ
あなたはユダを治める者たちの中で   あなたはユダの指導者たちの中で
決して一番小さくはない。   決して最も小さな者ではない。
あなたから治める者が出て，   あなたから一人の指導者が現れ
わたしの民イスラエルを   私の民イスラエルの
　牧するからである。   　牧者となるからである。

　聖書協会共同訳はマタイ2:6に関して，新共同訳からさほど大きな改訳はしていない。他方で，新改訳2017は第3版からの改訳が目立つ。第3版におけるマタイ2:6の「わたしの民イスラエルを『治める』」は，第3版ミカ5:2の「イスラエルの『支配者になる者』」に合わせての訳となっている。しかし，2017におけるマタイ2:6は，「わたしの民イスラエルを『牧する』」と訳していることから明らかなように ποιμανεῖ（*poimanei*）を考慮に入れている。そもそも第3版マタイ2:6の欄外注における旧約引照はミカ5:2のみなので，この引用をミカ5:2のみからと理解したゆえの第3版の訳であったと思われる。しかしそれでも，第3版は ποιμανεῖ（*poimanei*）についてはもちろんそのことばの存在に気がついていて，「治める」には欄外注の引照として「参：ヨハネ21:16」[1]と入れている。けれども，第3版はこの ποιμαίνω（*poimainō*）がⅡサムエル5:2（LXX）から来ていることを見逃していたと思われる。

　ギリシア語テキスト United Bible Societies（UBS）第5版の巻末の旧約引用欄（Index of Quotations）では，マタイ2:6ではミカ5:2しか，またミカ5:2でもマタイ2:6しか挙げられていないが，旧約暗示欄（Index of Allusions and Verbal Parallels）において以下のⅡサムエル5:2にマタイ2:6が挙げられる。

【新改訳2017　Ⅱサムエル5:2（Ⅰ歴代11:2参照）】
　……**主**はあなたに言われました。
　「あなたがわたしの民イスラエルを牧し，
　　Σὺ ποιμανεῖς τὸν λαόν μου τὸν Ισραηλ
　　（*Sy poimaneis ton laon mou ton Israēl*）
　　あなたがイスラエルの君主となる」と。
　　καὶ σὺ ἔσει εἰς ἡγούμενον ἐπὶ τὸν Ισραηλ
　　（*kai sy esei eis hēgoumenon epi ton Israēl*）

　実は，新改訳2017マタイ2:6の「（彼が）わたしの民イスラエルを牧する」（ὅστις ποιμανεῖ τὸν λαόν μου τὸν Ἰσραήλ [*hostis poimanei ton laon mou ton Israēl*]）は，上記のⅡサムエル5:2を反映している。ゆえに，このたびの

1　第3版ヨハネ21:16「……わたしの羊を牧しなさい」

64

新改訳2017マタイ2:6の欄外注引照には，ミカ5:2のほか，「牧する」にⅡサムエル5:2と入る。しかしさらに言うならば，マタイ2:6の「あなたから治める者が出て」（ἐκ σοῦ γὰρ ἐξελεύσεται ἡγούμενος [ek sou gar exeleusetai hēgoumenos]）の「治める者」（ἡγούμενος [hēgoumenos]）も，LXX ミカ5:1の「あなたからイスラエルを治める者が出る」（ἐκ σοῦ μοι ἐξελεύσεται τοῦ εἶναι εἰς ἄρχοντα ἐν τῷ Ισραηλ [ek sou moi exeleusetai tou einai eis archonta en tō Israēl]）における「治める者」ἄρχων（archōn）ではなく，LXX Ⅱサムエル5:2に出てくる ἡγούμενον（hēgoumenon），つまり ἡγέομαι（hēgeomai）が使われているように思われる。明らかにマタイ2:6における引用は，ミカ5:2だけではなく，Ⅱサムエル5:2が反映されている。

　しかし，ここでⅡサムエル5:2が意識されているということは注目に値する。それは，Ⅱサムエル5章はダビデがイスラエル全体の王となる文脈だからである。つまり，ダビデは「牧者的な王」だということである。すなわち，ここマタイ2:6というマタイの福音書の初めの部分において，イエス・キリストが牧者的王であることが提示される。そして，この，イエス・キリストの牧者としてのイメージが，マタイの福音書全体におけるテーマの1つとなっていくと思われる。

　Y. S. Chae は，マタイの提示するイエスは「eschatological なダビデ的牧者」だと主張する。[2] つまり，マタイの福音書に登場するイエスの姿が，旧約におけるダビデ的牧者像，また旧約において預言された将来のメシアとしてのダビデ的牧者像と重なるのである。そのような視点でマタイの福音書を見れば，本書の最初から確かにイエスは「ダビデの子」として登場する（マタイ1:1）。そしてイエスの系図にしても，それはダビデ王を中心としたイエスの系図と続き，[3] このたび取り上げたマタイ2:6における旧約引用を経て，やがてマタイの福音書の中では「ダビデの子」の呼称が他の福音書よりも頻繁に登場する（9:27, 12:23, 15:22, 20:30-31, 21:9, 15, 22:41-45）こととなる。Chae

---

[2] Y. S. Chae, *Jesus as the Eschatological Davidic Shepherd* (WUNT 2:216; Mohr Siebeck, 2006).

[3] Y. Miura, "Son of David" in *The Dictionary of Jesus and the Gospels*. 2nd ed. (Downers Grove: IVP, 2013), 883-84.

はこの「ダビデの子」という呼称も旧約聖書に基盤があると言う。[4] そして福音
書の終わりの部分26:31において，ゼカリヤ13:7（「わたしは羊飼いを打つ。す
ると，羊の群れは散らされる」）が引用される。このように，マタイは旧約聖
書を基盤にしながらイエスを牧者としてのイメージで描いているということに
なる。そのような意味においては，マタイの福音書の初めに位置する2:6に対
する新改訳2017のこのたびの改訳は，マタイの福音書全体の理解にとって重要
なことではないかと思われる。

3．使徒13:22における旧約引用

　使徒13:22におけるテキストの，新改訳第3版から2017への改訳，新共同訳
から聖書協会共同訳への改訳を以下に示す。

【使徒13:22】

● 新改訳第3版
それから，彼を退けて，
ダビデを立てて王とされましたが，
このダビデについてあかしして，
こう言われました。
「わたしはエッサイの子ダビデを
　見いだした。
彼はわたしの心にかなった者で，
わたしのこころを
　余すところなく実行する。」

● 新共同訳
それからまた，サウルを退けて
ダビデを王の位につけ，
彼について次のように
宣言なさいました。
「わたしは，エッサイの子で
　わたしの心に適う者，ダビデを
　見いだした。
彼はわたしの思うところを
　すべて行う。」

↓

● 新改訳2017
そしてサウルを退けた後，
神は彼らのために王として

● 協会共同訳
それから，サウルを退けて
ダビデを王の位に就け，

---

4 Chae, *Jesus as the Eschatological Davidic Shepherd*, 279-324.

ダビデを立て，彼について証しして　　彼について次のように
言われました。　　　　　　　　　　宣言なさいました。
「わたしは，エッサイの子ダビデを　　「私はエッサイの子ダビデを
　見出した。　　　　　　　　　　　　見いだした。
彼はわたしの心にかなった者で，　　彼は私の心に適う者で，
わたしが望むことを　　　　　　　　私の思うところをすべて行う。」
　すべて成し遂げる。」

　使徒13:22は，議論があるものの，以下のように３つの旧約のことばで構成
されていると考えられる。

【使徒13:22（2017）】　　　　　　　【旧約のことば（2017）】
　(a)わたしは，エッサイの子　　　　わたしは　わたしのしもべダビデを
　　ダビデを見出した。　　　　　　　見出し（詩篇89:20）
　(b)彼はわたしの心に　　　　　　　主はご自分の心にかなう人を求め
　　かなった者で　　　　　　　　　　（Ⅰサムエル13:14）
　(c)わたしが望むことをすべて　　　わたしの望むことをすべて
　　成し遂げる。　　　　　　　　　　成し遂げる。（イザヤ44:28）

　ギリシア語テキストUBS第５版巻末の旧約引用欄（Index of Quotations）
では，使徒13:22には詩篇89:20とⅠサムエル13:14が列挙される。そして詩篇
89:20とⅠサムエル13:14においても使徒13:22が言及される。しかしイザヤ
44:28は挙げられていない。確かに使徒13:22における最初の２つの旧約のこと
ばはすべてLXXからで，新改訳第３版の欄外注においてもⅠサムエル13:14
と詩篇89:20が引照される。一方，聖書協会共同訳における欄外注においては
Ⅰサムエル13:14，16:12，詩篇89:21［新改訳89:20］が引照されるが，その理
解は同じである。しかし第３番目のことばの引照はやはり載せていない。

　この，使徒13:22における第３番目のことば「わたしが望むことをすべて成
し遂げる」は，以下のようにLXXイザヤ44:28にほとんど字義的に類似する。

【使徒13:22】

わたしが望むことをすべて成し遂げる。

ὃς ποιήσει πάντα τὰ θελήματά μου

(*hos poiēsei panta ta thelēmata mou*)

【LXX　イザヤ44:28】

わたしの望むことをすべて成し遂げる。

Πάντα τὰ θελήματά μου ποιήσει

(*panta ta thelēmata mou poiēsei*)

ゆえに，ギリシア語テキスト UBS 第5版巻末の旧約暗示欄（Index of Al-lusions and Verbal Parallels）においてはイザヤ44:28において使徒13:22についての言及がある。しかし，明確な旧約引用とするには決定的ではないということなのであろう。

つまり，使徒13:22の第3番目のことばとイザヤ44:28の関係性が不可解なのは，イザヤ44章の文脈において語られている人物がキュロスであってダビデではないということによる。ゆえに，この第3番目のことばを LXX イザヤ44:28からと取るよりも，むしろルカ文書の学者たちはこれまでタルグム・I サムエル13:14の「主の望む事を成し遂げる人」"a man doing his will" からのことばではないかと主張してきた。[5] 使徒13:22における第2番目の旧約からのことば（「主はご自分の心にかなう人を求め」[I サムエル13:14]）が同じ旧約の箇所からということにより，その可能性が論じられたのだろうと思われる。

しかし D. W. Pao がルカ文書に反映されているイザヤ的第2の出エジプトのモティーフを主張しており，[6] 確かにその点を考慮する必要がある。そのような視点でイザヤ書を見ると，イザヤ書で一度だけ χριστός (*christos*) と出てくる人物がキュロスであることが注目される（イザヤ45:1）。そしてイザヤ書における第2の出エジプトのモティーフにおいては，「キュロス」なる人物が

5　MT 1 Sam 13:14 "The Lord has sought out a man after his own heart ..." Tg 1 Sam 13:14 "The Lord has established before himself a man doing his will ..."

6　D. W. Pao, *Acts and the Isaianic New Exodus* (WUNT 2:130; Tübingen: Mohr Siebeck, 2000; reprint, Grand Rapids: Baker Academic, 2002).

「主のしもべ」と比べられる。R. Schultz は以下のように，「キュロス」と「主のしもべ」がイザヤ書において並行的に，そして対照的に述べられていると語る。

> 彼（キュロス）が……霊的救いを与えるしもべと比べられ，対比されている（49-57章）。キュロスとしもべの両者は，義をもって（41:2, 42:6），その名を（45:4, 49:1）呼ばれ，手を握られ（45:1, 42:6），主のみこころを成し遂げる（חפץ を用いて：44:28, 53:10）。……40-48章では，キュロスは主の「メシア」（45:1。61:1参考）である。しかしキュロスは，イスラエルの問題に対しては一時的な解決しか与えない。49-57章においては，苦難のしもべが頑なな民のために解決を与える唯一の者として登場する。McKenzie は次のように言う。しもべこそが「主のみわざを成し遂げるための救いを与えるもう1人の人物なのであり，それはキュロスとは全く正反対の方法によるのである。つまり，預言的宣言によって，教えによって，そして最終的に苦難と死の贖いによって主のみわざを成し遂げるのである。」[7]

つまりは，イザヤ書で語られているやがてのメシアはキュロスのような人物であるが，しかし力ではなくて苦難を通して救いをもたらすのだ，と言う。使徒13章におけるパウロの説教では，まずは旧約の歴史が語られ，そして22節においてその歴史はダビデにおいて頂点に達する。しかしそのダビデのことを語る際に，イザヤ44:28からのことばが登場し，そのダビデの姿が χριστός（christos）キュロスの姿とだぶりながら，次節23節でイエスが登場することとなる（「神は約束にしたがって，このダビデの子孫から，イスラエルに救い主イエスを送ってくださいました」）。それも，原文に従えば，「このダビデの子孫から」とダビデが強調されて，ダビデとイエスの関係が際立つ。つまり，ここでパウロは「ダビデ」（χριστός [christos]）の姿を語りながら，そこに

---

[7] R. Schultz, "The King in the Book of Isaiah," in *The Lord's Anointed: Interpretation of Old Testament Messianic Texts*, ed. P. E. Satterthwaite, R. S. Hess, and G. J. Wenham (Carlisle: Paternoster Press/Grand Rapids: Baker Books, 1995), 154–59. 筆者の私訳による。Cf. M. L. Strauss, *The Davidic Messiah in Luke-Acts: The Promise and its Fulfillment in Lukan Christology* (JSNT 110; Sheffield: Sheffield Academic Press, 1995), 239–49, especially 158-59.

χριστός（*christos*）なる「キュロス」の姿をだぶらせ，やがての「メシア」
（χριστός［*christos*］）につなげているのではないかと考えられる。

　当該箇所は，そのようにイザヤ書における第2の出エジプトのモティーフを
考慮する必要がある。ゆえに，使徒13:22の第3番目の旧約のことばの訳には
イザヤ44:28が反映されていると考えられる。したがって，2017では使徒13:22
の欄外注において，この第3番目のことばの引照箇所としてイザヤ44:28が挙
げられている。

4．おわりに

　新約における旧約引用の例は数多いが，本稿で扱ったほんの2箇所を見ただ
けでも，以下のことが言えるのではないかと思う。つまり，新約における旧約
引用は，その引用されていることばについてだけピンポイントに考えればいい
というわけではなく，引用されている旧約のことばの大きな文脈や，その背景
にある神学的理解，また旧約のことばを引用する新約の箇所における文脈，さ
らにその書全体における文脈なども考慮に入れなければならないということで
ある。そして新約における旧約引用の研究分野においては，まだまだ検討され
なければならないことが多く残されているように思われるのである。

聖書協会共同訳と新改訳2017の日本語

松本　曜

新改訳2017に続いて，聖書協会共同訳（2018）が出版された。協会共同訳に
も何人かの日本語研究者が参加しており，おそらくはさまざまな制約の中で，
多くの時間を費やして日本語の検討がなされたものと思われる。まずは，その
努力に敬意を表したい。

ここでは，この2つの翻訳における日本語を比較する。協会共同訳の日本語
は新共同訳（1987）の日本語を受け継いでおり，こなれた日本語にはなってい
る。その一方，新共同訳に見られたいくつかの問題が解決されていない。以
下，主に文体に関わる点を中心に見ていく。

1．文末

協会共同訳に先立つ新共同訳の文体については，新改訳第3版（2003）との
比較を以前に試みている。[1] そこでは，特にイエスの発話の文末形に関して，大
きな違いが見られることを指摘した。新改訳では初版（1970）からデスマス体
を基本とする方針を採っており，それは2017にも受け継がれている。[2] それに対
し，新共同訳はデアル体を中心としながら一部でダ形を使った文になってい
た。今回出版された協会共同訳は，新共同訳に若干の修正を加えてはいるが，
基本的にはその方針を受け継いでいるように思われる。[3]

---

1 松本曜 2004「新改訳聖書と新共同訳聖書における文末語形と照応表現——日本語としての適
切性の検討(2)」『キリストと世界——東京基督教大学紀要』第14号，133-161
2 松本曜 2018「『新改訳2017』の日本語」 新日本聖書刊行会（編）『聖書翻訳を語る——「新
改訳2017」何を，どう変えたのか』 いのちのことば社，2018年
3 協会共同訳は「一から翻訳し直した」とされてはいるが，実際の文章を見るとそのようには
思われない。本節で指摘するような，ちぐはぐな文末形の選択は，新共同訳での選択を引きず
っているからにほかならない。そこでここでは，新共同訳から協会共同訳にどのような変更を
加えたか，という言い方をして論を進める。

協会共同訳のイエスは，多くの場合デアル体で話している。たとえば，ルカ9:48では次のように語っている。新改訳2017の訳も合わせて示す。

【ルカ9:48】

● 協会共同訳

言われた。「私の名のために，この子どもを受け入れる者は，私を受け入れるのである。私を受け入れる者は，私をお遣わしになった方を受け入れるのである。あなたがた皆の中でいちばん小さい者こそ偉いのである。」

● 新改訳2017

彼らに言われた。「だれでも，このような子どもを，わたしの名のゆえに受け入れる人は，わたしを受け入れるのです。また，だれでもわたしを受け入れる人は，わたしを遣わされた方を受け入れるのです。あなたがた皆の中で一番小さい者が，一番偉いのです。」

協会共同訳のような話し方は通常行われるものではなく，会話の箇所では大きな違和感がある。また，イエスの発話に温かみは感じられない。

協会共同訳でダ形が使われている例として，マタイ13:16を挙げる。ただし，続く17節ではデアルが使われていて，１つの発話の中で一貫しているわけではない。

【マタイ13:16-17】

● 協会共同訳

しかし，あなたがたの目は見ているから幸いだ。あなたがたの耳は聞いているから幸いだ。よく言っておく。多くの預言者や正しい人たちは，あなたがたが見ているものを見たかったが，見ることができず，あなたがたが聞いているものを聞きたかったが，聞けなかったのである。

● 新改訳2017

しかし，あなたがたの目は見ているから幸いです。また，あなたがたの耳は聞いているから幸いです。まことに，あなたがたに言います。多くの預言者や義人たちが，あなたがたが見ているものを見たいと切に願ったの

に，見られず，あなたがたが聞いていることを聞きたいと切に願ったの
に，聞けませんでした。

　なお，17節冒頭の「よく言っておく」は，新共同訳にあった「はっきり言っ
ておく」に置き換わる表現である。「はっきり言っておく」はけんか腰にも聞
こえるため，これを避けたのは妥当な判断と思われる。しかし，「よく言って
おく」も「まことに，あなたがたに言います」と比べると口調がかなり異な
り，親しく話されたという印象はない。

　協会共同訳で，どのような時にダを用い，どのような時にデアルを用いるの
かは明らかではない。全体的に見て，目の前にいる聞き手について話している
ときはダを用い，神について，あるいは一般的な真理について語っているとき
はデアルが使われる傾向があるように思われるが，そうでないところもあり，
はっきりしない。1つ確かに言えることは，新共同訳の判断をほとんどの箇所
で受け継いでいることである。マタイの福音書を調べたところ，ダからデアル
に変更された箇所としては7:6，10:16，16:17，23:21があるのみである。デア
ルからダに変わったところはさらに少なく，5:37，12:50があるのみである。

　協会共同訳のマタイの福音書のパイロット版では，ダを少なくし，できるだ
けデアルに統一しようとしているように思われた。しかしパイロット版でデア
ルに変えた多くの箇所が，最終版では新共同訳のダに戻されている（マタイ
6:8，6:32，11:9a，10，13:16，21:32，22:32，23:8，9，20，22など）。先に
見たマタイ13:16もそうで，新共同訳に見られたダとデアルの混在を引き継ぐ
形になっている。マタイ23:20-22は，パイロット版ではすべて「誓うのであ
る」になっていたが，最終的には20，22節は「誓うのだ」，21節は「誓うので
ある」になっていて，奇妙である。

　なお，接続詞の「だから」は文末形にかかわらず用いられている。以下の箇
所のように，デアル体の文の中では不自然である。

【マルコ10:7-8】

● 協会共同訳

　こういうわけで，人は父母を離れて妻と結ばれ，二人は一体となる。だか
ら，もはや二人ではなく，一体である。

● 新改訳2017

　「それゆえ，男は父と母を離れ，その妻と結ばれ，ふたりは一体となる」
のです。ですから，彼らはもはやふたりではなく，一体なのです。

　イエスのデアル体は，権威ある話し方を求めたためかもしれない。しかし，
奇妙なことに，イエス以外の人の発話でもデアルが使われている箇所がある。
新共同訳ではヨハネ6:14がそうだったが，協会共同訳では，ヨハネ4:42もそう
なっている。

【ヨハネ4:42】
● 協会共同訳

　彼らは女に言った。「私たちが信じるのは，もうあなたが話してくれたか
　らではない。自分で聞いて，この方が本当に世の救い主であると分かった
　からである。」

　文体上の問題は，書簡の文体にも見える。新共同訳の書簡は，デスマス体を
基本としながらも，時折普通体の動詞形が混じる奇妙な文体になっていた。新
改訳では第3版，2017ともに，一貫してデスマス体を使っている。今回の協会
共同訳ではどうだろうか。

　ローマ1:16では，新共同訳では異なる文末形が混在していたが，協会共同訳
ではデスマスに統一された。

【ローマ1:16】
● 協会共同訳

　私は福音を恥としません［新共同訳：しない］。福音は，ユダヤ人をはじ
　め，ギリシア人にも，信じる者すべてに救いをもたらす神の力です。

● 新改訳2017

　私は福音を恥としません。福音は，ユダヤ人をはじめギリシア人にも，信
　じるすべての人に救いをもたらす神の力です。

　しかし，新共同訳と同じように混在が見られる箇所も依然として多い。次の
例がそうである。一貫してデスマスを用いている新改訳と比較されたい。

【ローマ3:27-31】

● 協会共同訳

　では，誇りはどこにあるのか。それは取り去られました。どんな法則によってか。行いの法則によるのか。そうではない。信仰の法則によってです。なぜなら，私たちは，人が義とされるのは，律法の行いによるのではなく，信仰によると考えるからです。それとも，神はユダヤ人だけの神でしょうか。異邦人の神でもないのですか。そうです，異邦人の神でもあります。実に，神は唯一だからです。この神は，割礼のある者を信仰のゆえに義とし，割礼のない者をも信仰によって義としてくださるのです。それでは，私たちは信仰によって，律法を無効にするのか。決してそうではない。むしろ，律法を確立するのです。

● 新改訳2017

　それでは，私たちの誇りはどこにあるのでしょうか。それは取り除かれました。どのような種類の律法によってでしょうか。行いの律法でしょうか。いいえ，信仰の律法によってです。人は律法の行いとは関わりなく，信仰によって義と認められると，私たちは考えているからです。それとも，神はユダヤ人だけの神でしょうか。異邦人の神でもあるのではないでしょうか。そうです。異邦人の神でもあります。神が唯一なら，そうです。神は，割礼のある者を信仰によって義と認め，割礼のない者も信仰によって義と認めてくださるのです。それでは，私たちは信仰によって律法を無効にすることになるのでしょうか。決してそんなことはありません。むしろ，律法を確立することになります。

　同様の問いかけがあるローマ3:1-4，3:9，4:1-2，6:1-2，6:15-16，7:7，11:1-10，11-12などでも類似の課題がある。なお，これらの箇所は協会共同訳のパイロット版では一貫したデスマス体になっていた。その後の改訂で新共同訳と同じやり方に戻したと思われる。一貫したデスマス体にしたくない理由として，何があるのだろうかと思わされる。

　文体については，文末形とそれ以外の整合性が課題になる場合もある。ローマ5:1では，文末はデスマスになっているが，文の途中で「のだから」があ

り，一致していない。

【ローマ5:1】

● 協会共同訳

　このように，私たちは信仰によって義とされたのだから，私たちの主イエス・キリストによって神との間に平和を得ています。

● 新改訳2017

　こうして，私たちは信仰によって義と認められたので，私たちの主イエス・キリストによって，神との平和を持っています。

　また，接続詞の「だから」が使われていて，デスマスの文末と合わない箇所もある。

【ローマ2:1】

● 協会共同訳

　だから，すべて人を裁く者よ，弁解の余地はありません。

● 新改訳2017

　ですから，すべて他人をさばく者よ，あなたに弁解の余地はありません。

　以上のように，協会共同訳では新約で文体上のちぐはぐさが目立ち，新共同訳にあった混合の問題を解決できていない。パイロット版で見られた努力が活かされていない面もある。

2．であろう問題

　口語訳，新共同訳においては，父なる神，イエス，御使いの未来に関することばに，推測を表すダロウ，デアロウなどが多く使われていた。そのような箇所は確信のない預言のように聞こえて，不自然に感じられる箇所が多く，「であろう問題」と呼ばれていた。新改訳は初版からこの問題に取り組み，2017においてもさらに注意を払った。今回の協会共同訳はどうであろうか。

　新共同訳と比べると，協会共同訳の創世記と出エジプト記では，問題と感じ

られる多くの箇所でデアロウをなくしており，新改訳の判断に近づいた（創世15:1，13，14，17:2，28:14，出エジプト4:9，4:21，7:29，8:17，9:9，10:12，16:25，26，25:8，34:24など）。一方，引き続きデアロウが使われている箇所もある（創世4:15，17:6，出エジプト3:20，4:14，7:19，9:19，14:3，14:26，34:10など）。

　新約ではほとんど変更が加えられていない。マタイの福音書とヨハネの黙示録では変更された箇所はごく限られており（マタイ12:45，21:31，黙示3:3），多くは変更がない（マタイ7:22，12:41，42，18:35，24:22，26:34，26:53，黙示2:10，3:20，11:2，5，9，10，13:8，17:8，12，16など）。マタイ26:34の例を挙げる。

【マタイ26:34】
● 協会共同訳
　イエスは言われた。「よく言っておく。今夜，鶏が鳴く前に，あなたは三度，私を知らないと言うだろう。」

● 新改訳2017
　イエスは彼に言われた。「まことに，あなたに言います。あなたは今夜，鶏が鳴く前に三度わたしを知らないと言います。」

　なお，ルカ2:12はさすがに，「（乳飲み子を）見つけるであろう」から「見つける」に変更になった。

　協会共同訳で新たにデアロウが使われている場合もある。パイロット版ではかなりの数があったが，最終的には少なくなってはいる。以下の箇所がそうである。

【マタイ25:45-46】
● 協会共同訳
　そこで，王は答える。「よく言っておく。この最も小さな者の一人にしなかったのは，すなわち，私にしなかったのである。」こうして，この人たちは永遠の懲らしめを受け，正しい人たちは永遠の命に入るであろう。

● 新改訳2017

　　すると，王は彼らに答えます。「まことに，おまえたちに言う。おまえたちがこの最も小さい者たちの一人にしなかったのは，わたしにしなかったのだ。」こうして，この者たちは永遠の刑罰に入り，正しい人たちは永遠のいのちに入るのです。

　協会共同訳は，永遠のいのちの約束について，確かさが感じられない訳になっている。類例にはヨハネ5:29がある。なお，この箇所で，「懲らしめ」が使われている。「懲らしめる」とは，〈悪い行為を行った人に対して，二度とそうすることがないように，罰を与える〉ことを表す。その点で，「永遠の」との相性は良くない。「永遠の刑罰」とはかなり異なる内容を指すように感じられる。
　　以上の点は，これで良いのか，問いかけたいところである。

3．自敬表現

　新改訳2017では，神が自分に敬語を使うのは避けるべきだという認識に基づいて，自敬表現をなくす努力を行った。協会共同訳ではどうであろうか。調べてみたところ，出エジプト19:22，イザヤ49:7b など，一部の箇所で自敬表現が取り除かれている。しかし，多くの箇所では問題が残されたままである。いくつか例を挙げる。

【出エジプト19:10-11】

● 協会共同訳

　　主はモーセに言われた。「民のところに行き，今日と明日，彼らを聖別し，服を洗わせ，三日後に合わせて準備させなさい。三日後に，すべての民の目の前で，主がシナイ山の上に降られるからである。

● 新改訳2017

　　主はモーセに言われた。「あなたは民のところに行き，今日と明日，彼らを聖別し，自分たちの衣服を洗わせよ。彼らに三日目のために準備させよ。三日目に，主が民全体の目の前でシナイ山に降りて行くからである。

　以下の十戒の箇所では，主が語っていることが忘れられているかのような文になっている（出エジプト31:17，申命5:15-16も同様）。

【出エジプト20:11】
● 協会共同訳

　　主は六日のうちに，天と地と海と，そこにあるすべてのものを造り，七日目に休息された。それゆえ，主は安息日を祝福して，これを聖別されたのである。

● 新改訳2017

　　それは主が六日間で，天と地と海，またそれらの中のすべてのものを造り，七日目に休んだからである。それゆえ，主は安息日を祝福し，これを聖なるものとした。

　協会共同訳における自敬表現は，ほかにヨシュア24:7，エレミヤ29:21，エゼキエル39:17，マラキ3:1などにも見られる。この点に関する扱いは新改訳2017と大きく分かれた。
　なお，新改訳2017にも一部自敬表現が残されており，改訂が必要である。

4．古い日本語表現

　協会共同訳では，新共同訳にあった古い日本語表現の多くをなくしている。しかし，同様の検討を行った新改訳では廃止した表現を一部残している。以下はいくつかの例である。
　まずは，〈苦しみ〉を表す「悩む」「悩み」が使われている（創世49:23，民数23:21，哀歌1:5など）。

【創世49:23】
● 協会共同訳

　　矢を射る者は彼を激しく攻め
　　矢を放って悩ます。

● 新改訳2017

　　弓を射る者は激しく彼を攻め，

　　彼を射て苦しめた。

　「いとう」も箴言3:32, 6:16, 8:7, 11:1, 20, 15:9などで使われている。この語は一般には「〜するのもいとわない」の形以外ではほとんど使われない。

【箴言3:32】

● 協会共同訳

　　主は曲がった者をいとい

　　まっすぐな人と親しくされる。

● 新改訳2017

　　主は，曲がった者を忌み嫌い，

　　直ぐな人と親しくされるからだ。

　このほか，「おのおの」（ローマ2:6, 15:2, Ⅰコリント3:10, 3:13）「おもねる」（レビ19:15）なども使われている。新改訳が残して，協会共同訳が廃止した語には，「ゆずり」がある。

　新共同訳にあった「ならぬ」などの文語文法の表現は全体的に少なくなったが，「ねば」は使われている。以下の箇所は朗読しにくい。

【マタイ26:35】

● 協会共同訳

　　ペトロは，「たとえ，ご一緒に死なねばならなくなっても，あなたを知らないなどとは決して申しません」と言った。弟子たちも皆，同じように言った。

● 新改訳2017

　　ペテロは言った。「たとえ，あなたと一緒に死ななければならないとしても，あなたを知らないなどとは決して申しません。」弟子たちはみな同じように言った。

類例にはマルコ13:10，ルカ5:38，12:50，13:33，14:18，ヨハネ4:4，9:4などがある。

　現在は使われなくなっている推量の「ましょう」も，かなりの箇所で採用されている。過度に丁寧な響きがあり，以下の箇所では続く文と文体上の不一致がある。

【ローマ8:35】
● 協会共同訳

　　誰が，キリストの愛から私たちを引き離すことができましょう。苦難か，
　　行き詰まりか，迫害か，飢えか，裸か，危険か，剣か。

ほかに創世39:9，Ⅰサムエル16:2，詩篇130:3，ヨハネ3:4，9，6:9，使徒8:31などがある。

　以上の点は，協会共同訳のほうが新改訳2017よりも全体的に固い日本語になっているという傾向の表れとも考えられる。

5．代名詞の省略

　日本語は代名詞をあまり使わない言語であり，代名詞を多用する翻訳文は自然な日本語にならない。問題は，どのような場合に省略すべきかである。当然ながら，省略されているのが何であるのかが分からなくなる場合は省略すべきではない。この点で，協会共同訳で問題となる箇所があるので指摘しておく。
　Ⅱ歴代18:5は次のようになっている。

【Ⅱ歴代18:5／歴代誌下18:5】
● 協会共同訳

　　そこでイスラエルの王は，四百人の預言者を集め，「私たちはラモト・ギ
　　ルアドに戦いに行くべきだろうか，それともやめるべきだろうか」と尋ね
　　た。彼らは，「攻め上ってください。神が，これを王の手に渡されるでし
　　ょう」と答えた。

● 新改訳2017

> イスラエルの王は，四百人の預言者を集めて，彼らに尋ねた。「われわれ
> はラモテ・ギルアデに戦いに行くべきか。それとも，私はやめるべきか。」
> 彼らは答えた。「あなたは攻め上ってください。神は王様の手にこれを渡
> されます。」

　この箇所において，協会共同訳では「やめる」の主語と，「攻め上って」の
主語が明示されていない（新共同訳では「やめる」の主語は示されていた）。
これでは「やめる」の主語が1人称単数であり，「攻め上って」の主語が2人
称単数であることが分からない（ヘブル語では動詞語尾により人称と数が表示
されている）。この箇所はイエスラエルの王アハブが，ユダの王ヨシャファテ
と戦いに出る際，自分だけは戦いに出ずにすませたいと思っている箇所であ
り，主語が単数であることが示されないと，このストーリーの重要な点が伝わ
らない。類例がほかにどのくらいあるかは，現時点では分からない。

6．結語

　以上見てきたように，協会共同訳では特に新約で文体上の不自然さが目立つ
ほか，自敬表現について不備と思われる点がある。全体的には，新改訳2017よ
りも古い日本語が残されている。また，省略に関する問題もある。
　このほかにも議論すべきことがあるが，ここまでとする。

略語表

聖　書

ASV	American Standard Version
BHS	Biblia Hebraica Stuttgartensia
CJB	Complete Jewish Bible
ESV	English Standard Version
JNT	Jewish New Testament
JPS	Jewish Publication Society
KJV	King James Version
Luth	Das Neue Testament nach der Übersetzung Martin Luthers, Revidierter Text (1956)
LXX	Septuaginta
MT	Masoretic Text
NA	Nestle & Aland, *Novum Testamentum Graece*
NASB	New American Standard Bible
NEB	New English Bible
NEG79	Nouvelle Edition de Geneve 1979
NET	New English Translation
NIV	New International Version
NIV2011	New International Version 2011 Edition
NJB	New Jerusalem Bible
NJPS(V)	New Jewish Publication Society (Version)
NKJB	New King James Bible
NRSV	New Revised Standard Version
REB	Revised English Bible
RSV	Revised Standard Version
UBS	United Bible Societies, *The Greek New Testament*
WEB	World English Bible
ZB	Zürcher Bibel
岩波訳	荒井献，佐藤研編『新約聖書』岩波書店，1995-96.
協会共同訳	『聖書協会共同訳』日本聖書協会，2018.
新改訳2017	『聖書 新改訳2017』いのちのことば社，2017.
関根訳	関根正雄訳『詩篇』（岩波文庫）岩波書店，1973.
関根新訳	関根正雄訳『新訳・旧約聖書』教文館，1997.
バルバロ訳	『聖書』講談社，1980.
フランシスコ会訳	『聖書』フランシスコ会聖書研究所，2011.
前田訳	前田護郎訳『新約聖書』中央公論社，1983.

その他の略語

AB	Anchor Bible
ABD	*Anchor Bible Dictionary*. 6 vols. New York: Doubleday, 1992.
ANET	J. B. Pritchard (ed.), *Ancient Near Eastern Texts Relating to the Old Testament*. 3rd edition. Princeton: Princeton University Press, 1969.
AOAT	Alter Orient und Altes Testament
Apollos	Apollos Old Testament Commentary
ATD	Das Alte Testament Deutsch
BASOR	*Bulletin of the American Schools of Oriental Research*
BDAG	Bauer, W. *A Greek-English Lexicon of the New Testament and Other Early Christian Literature*. 3rd ed. rev. and ed. by F. W. Danker. Chicago: University of Chicago Press, 2000.
BDB	F. Brown, S. R. Driver & C. A. Briggs, *A Hebrew and English Lexicon of the Old Testament*. Oxford: Clarendon, 1907.
BDF	F. Blass & A. Debrunner, *A Greek Grammar of the New Testament and Other Early Christian Literature*. trans. and rev. by R. W. Funk. Chicago: University of Chicago Press, 1961.
BECNT	Baker Exegetical Commentary on the New Testament
BETL	Bibliotheca Ephemeridum Theologicarum Lovaniensium
BKAT	Biblischer Kommentar Altes Testament
BL	*Book List*. Society for the Old Testament Study
BN	*Biblische Notizen*
BOT	De boeken van het Oude Testament
BS	*Bibliotheca Sacra*
BZ	*Biblische Zeitschrift*
BZAW	Beihefte zur *ZAW*
Bergsträsser	G. Bergsträsser, *Hebräische Grammatik*. I/II. Hildesheim: Georg Olms, 1962 [orig. 1918].
CAD	Chicago Assyrian Dictionary
CBQ	*Catholic Biblical Quarterly*
COT	Commentaar op het Oude Testament
CS	W.W. Hallo & K. Lawson Younger eds., *The Context of Scripture: Canonical Compositions, Monumental Inscriptions, and Archival Documents from the Biblical World*. Leiden: Brill, 2003.
DCH	D. J. A. Clines (ed.), *The Dictionary of Classical Hebrew*. Vols. I-VIII Sheffield: Sheffield Academic Press, 2011.
DDD	K. van der Toorn, B. Becking & P. W. van der Horst, *Dictionary of Deities and Demons in the Bible*. Leiden: E. J. Brill, 1995.
DISO	Charles-F. Jean & Jacob Hoftijzer, *Dictionnaire des inscriptions sémitiques de l'Ouest*. Leiden: E. J. Brill, 1965.
DJG	J. B. Green, S. McKnight & I. H. Marshall, *Dictionary of Jesus and the Gospels*. Downers Grove: InterVarsity Press, 1992.

DLNTD　　R. P. Martin & P. H. Davids, *Dictionary of Later New Testament & Its Developments*. Downers Grove: InterVarsity Press, 1997.

DOTP　　T. Alexander (ed.), *Dictionary of the Old Testament: Pentateuch*. Leicester: Inter-Varsity Press, 2002.

DPL　　G. F. Hawthorne, R. P. Martin & D. G. Reid, *Dictionary of Paul and His Letters*. Downers Grove: InterVarsity Press, 1993.

Davidson　A. B. Davidson, *An Introductory Hebrew Grammar*. 26th edition. Edinburgh: T.&T. Clark, 1966.

EBC　　Expositor's Bible Commentary

EDNT　　H. Balz & G. Schneider, *Exegetical Dictionary of the New Testament*. 3 vols. Grand Rapids: Eerdmans, 1990-93.

EJ　　*Encyclopedia Judaica* 16 vols. Jerusalem: Keter, 1971–72.

EKK　　Evangelisch-Katholischer Kommentar

ERT　　*Evangelical Review of Theology*

ET　　English translation

EncMiqr　אנציקלופדיה מקראית (*Encyclopaedia Biblica*) 8 vols. Jerusalem: Mossad Harav Kook, 1950-82.

Exeg　　*Exegetica*

ExTi　　*Expository Times*

GB　　F. Buhl, *Wilhelm Gesenius' Hebräisches und Aramäisches Handwörterbuch über das Alte Testament*. 17. Aufl. Berlin: Springer, 1915.

GHK　　Göttinger Hand-Kommentar

GKC　　E. Kautzsch & A. E. Cowley, *Gesenius' Hebrew Grammar*. Second English edition. Oxford: Clarendon, 1910.

GTJ　　*Grace Theological Journal*

GTT　　*Gereformeerd Theologisch Tijdschrift*

HAL　　L. Koehler & W. Baumgartner, *Hebräisches und aramäisches Lexikon zum Alten Testament*. Leiden: E. J. Brill, 1967-1996.

HALOT　L. Koehler & W. Baumgartner, *The Hebrew and Aramaic Lexicon of the Old Testament*. Trans. by M. E. J. Richardson. Leiden: E. J. Brill, 1994-2000.

HAT　　Handbuch zum Alten Testament

HKAT　Handkommentar zum Alten Testament

HSAT　Die Heilige Schrift des Alten Testaments

HSM　　Harvard Semitic Monographs

HTR　　*Harvard Theological Review*

HUCA　*Hebrew Union College Annual*

IB　　The Interpreter's Bible

IBHS　B. K. Waltke & M. O'Connor, *An Introduction to Biblical Hebrew Syntax*. Winona Lake: Eisenbrauns, 1990.

ICC　　International Critical Commentary

IEJ　　*Israel Exploration Journal*

ISBE　G. W. Bromiley, et al (eds.), *International Standard Bible Encyclopedia*. rev. ed. 4vols. Grand Rapids: Eerdmans, 1979-88.

Inter	*Interpretation*
JAOS	*Journal of the American Oriental Society*
JBL	*Journal of Biblical Literature*
JNES	*Journal of Near Eastern Studies*
JNSL	*Journal of Northwest Semitic Languages*
JQR	*Jewish Quarterly Review*
JRAS	*Journal of the Royal Asiatic Society*
JSJ	*Journal for the Study of Judaism*
JSNT	*Journal for the Study of the New Testament*
JSNTS(S)	Journal for the Study of the New Testament, Supplement Series
JSOT	*Journal for the Study of the Old Testament*
JSOTS(S)	Journal for the Study of the Old Testament, Supplement Series
JSS	*Journal of Semitic Studies*
JTS	*Journal of Theological Studies*
Jastrow	M. Jastrow, *A Dictionary of the Targumim, the Talmud Babli and Yerushalmi, and the Midrashic Literature.* New York: Pardes, 1950.
Joüon-Muraoka	Paul Joüon & T. Muraoka, *A Grammar of Biblical Hebrew.* Part One: Orthography and Phonetics. Part Two: Morphology. Part Three: Syntax. (Subsidia Biblica 14/I-II) Roma: Editrice Pontificio Istituto Biblico, 1991.
KAI	H. Donner & W. Röllig, *Kanaanäische und aramäische Inschriften.* 3 vols. Wiesbaden: Otto Harrassowitz, 1962, 1964, 1973.
KAT	Kommentar zum Alten Testament
KHCAT	Kurzer Hand-Commentar zum Alten Testament
KTU	M. Dietrich, O. Loretz & J. Sanmartin, *Die keilalphabetischen Texte aus Ugarit* (AOAT 24). Neukirchen-Vluyn: Neukirchener, 1976.
LHBOTS	The Library of Hebrew Bible /Old Testament Studies
LSJ	H. G. Liddel & R. Scott, *A Greek-English Lexicon.* rev. by H. S. Jones. Oxford: Clarendon, 1968.
MHT	J. H. Moulton, W. F. Howard & N. Turner, *A Grammar of New Testament Greek.* 4 vols. Edinburgh: T. & T. Clark, 1908-1976.
MM	J. H. Moulton & G. Milligan, *The Vocabulary of the Greek New Testament.* Grand Rapids: Eerdmans, 1949.
Moule	C. F. D. Moule, *An Idiom Book of New Testament Greek.* 2nd ed. Cambridge: Cambridge University Press, 1959.
NAC	New American Commentary
NCBC	New Centry Bible Commentary
NDBT	T. D. Alexander & B. S. Rosner (eds.), *New Dictionary of Biblical Theology.* Leicester: InterVarsity Press, 2000.
NIB	The New Interpreter's Bible
NICNT	New International Commentary on the New Testament
NICOT	New International Commentary on the Old Testament
NIDNTT	C. Brown (ed.), *The New International Dictionary of New Testament Theology.* 3 vols. Grand Rapids: Eerdmans, 1975-78.

NIDOTTE W. A. VanGemeren (ed.), *The New International Dictionary of Old Testament Theology and Exegesis*. Grand Rapids: Zondervan, 1996.
NIGTC New International Greek Testament Commentary
NovT *Novum Testamentum*
NTA *New Testament Abstracts*
NTS *New Testament Studies*
OBO Orbis Biblicus et Orientalis
OTA *Old Testament Abstracts*
OTL The Old Testament Library
OTS *Oudtestamentische Studiën*
Porter S. E. Porter, *Idioms of the Greek New Testament*. Sheffield: JSOT Press, 1992.
RB *Revue Biblique*
RlA *Reallexikon der Assyriologie*
Rosenthal F. Rosenthal, *A Grammar of Biblical Aramaic* (Porta Linguarum Orientalium, NS 5). Wiesbaden: Otto Harrassowitz, 1961, 1974.
SBLDS Society of Biblical Literature Dissertation Series.
SBLMS Society of Biblical Literature Monograph Series.
SNTSMS Society for New Testament Studies Monograph Series.
SRP E. König, *Stilistik, Rhetorik, Poetik in Bezug auf die biblische Litteratur*. Leipzig: Theodor Weicher, 1900.
SSI J. C. L. Gibson, *Textbook of Syrian Semitic Inscriptions*. I-III. Oxford: Clarendon Press, 1971-82.
SVT Supplement to VT
TDNT G. Kittel, & G. Friedrich (eds.), *Theological Dictionary of the New Testament*. 9 vols. Grand Rapids: Eerdmans, 1964-74.
TDOT G. J. Botterweck & H. Ringgren (eds.), *Theological Dictionary of the Old Testament*. Vol. I-XV. Grand Rapids: W. B. Eerdmans, 1974-2015.
THAT *Theologisches Handwörterbuch zum Alten Testament*. 2 vols. München: Chr.Kaiser, 1971-76.
TLZ *Theologische Literaturzeitung*
TNTC Tyndale New Testament Commentaries
TOTC Tyndale Old Testament Commentaries
TWAT *Theologisches Wörterbuch zum Alten Testament*. Vol. I-X. Stuttgart: W. Kohlhammer, 1970 -2000.
TWOT R. L. Harris, G. L. Archer, Jr. & B. K. Waltke (eds.), *Theological Wordbook of the Old Testament*. 2 vols. Chicago: Moody Press, 1980.
TynB *Tyndale Bulletin*
UF *Ugarit Forschungen*
UT C. H. Gordon, *Ugaritic Textbook*. Roma: Pontificium Institutum Biblicum, 1965.
VT *Vetus Testamentum*
WBC Word Biblical Commentary
WMANT Wissenschaftliche Monographien zum Alten und Neuen Testament

WUNT   Wissenschaftliche Untersuchungen zum Neuen Testament
Watson   W. G. E. Watson, *Classical Hebrew Poetry: A Guide to its Techniques* (JSOTS 26). Sheffield: JSOT Press, 1984.
Williams R. J. Williams, *Hebrew Syntax: An Outline.* 2nd ed. Toronto: University of Toronto, 1976.
ZAH   *Zeitschrift für Althebräistik*
ZAW   *Zeitschrift für die alttestamentliche Wissenschaft*
ZDMG   *Zeitschrift für der Deutschen Morgenländischen Gesellschaft*
ZNW   *Zeitschrift für die neutestamentliche Wissenschaft*
ZThK   *Zeitschrift für Theologische und Kirche*
Zerwick   M. Zerwick, *Biblical Greek.* Rome: Biblical Institute Press, 1963.

編集後記

　『みことば——聖書翻訳の研究』の第1号をお届けします。今回は『新改訳2017』と『聖書協会共同訳』の比較を中心に，5本の研究論文を掲載しました。編集は松本曜と公文光が担当しました。この論集が引き続き刊行され，日本の聖書翻訳に貢献することを願っています。

[執筆者]

津村俊夫（つむら・としお）
　聖書宣教会・聖書神学舎教師

木内伸嘉（きうち・のぶよし）
　東京基督教大学　神学部・大学院神学研究科　特任教授

内田和彦（うちだ・かずひこ）
　日本福音キリスト教会連合・前橋キリスト教会牧師

三浦　讓（みうら・ゆずる）
　日本長老教会横浜山手キリスト教会牧師

松本　曜（まつもと・よう）
　国立国語研究所・理論対照研究領域　教授

みことば
──聖書翻訳の研究　第1号
MIKOTOBA: Studies in Japanese Bible Translation　Vol. 1

2020年2月1日発行

編　者　新日本聖書刊行会
　　　　〒160-0004 東京都新宿区
　　　　　　　　　 四谷二丁目8番地
　　　　https://www.seisho.or.jp
装　丁　長尾　優
発　行　いのちのことば社
　　　　〒164-0001 東京都中野区中野2-1-5
　　　　電話 03-5341-6920
　　　　e-mail:support@wlpm.or.jp
　　　　http://www.wlpm.or.jp/